KB053407

나폴레온 힐

# 부자의 철학

나폴레온 힐

# 부자의 철학

명확한 목표를 설정하고
성공 원칙을 따르라!

나폴레온 힐 지음 · 최은아 옮김

Napoleon Hill
Philosophy of Success

미래지식

## 서문

나폴레온 힐이 '나폴레온 힐 협회Napoleon Hill Associates'라는 새로운 회사를 설립하라는 권유를 받았을 때 그의 나이는 68세였다. 그는 본업에서 물러나 캘리포니아에서 소일거리로 일을 하며 아내 애니 루Annie Lou와 행복한 생활을 하고 있었다. 나폴레온 힐 협회가 설립된 계기는 미국 보험업계의 거물 클레멘트 스톤W. Clement Stone과의 만남이었다. 나폴레온 힐 철학의 오랜 팬인 스톤은 자신의 치과의사로부터 시카고에서 열린 치과 컨벤션에 초대받아 힐의 연설을 들었다. 그는 몇 해 전부터 미국의 대형 보험사 컴바인드 인슈어런스사Combined Insurance Company의 모든 직원에게 힐의 베스트셀러 《생각하라 그리고 부자가 되어라Think And Grow Rich》를 나눠 주고 있었다. 그런 그가 드디어 위대한 철학자를 만나게 되니 흥분을 감추지 못했다.

두 사람은 컨벤션 홀에 함께 앉아 점심시간부터 대화를 나눴

나. 그러다가 '나폴레온 힐 협회'를 설립하자는 아이디어가 나왔다. 힐이 25년간 연구하며 밝혀낸 '성공 원칙 17가지'를 시행하는 방법을 가르칠 사람들을 양성하는 기관을 설립하자는 거였다. 그렇게 설립된 협회는 1952년부터 1962년까지 운영됐다. 그 기간에 힐과 스톤은 《긍정적인 사고방식을 통한 성공Success Through a Positive Mental Attitude》이라는 책을 함께 저술했고, 〈한계 없는 성공Success Unlimited〉이라는 잡지를 출간했으며, 전국을 누비며 라디오와 텔레비전에 출연해 성공 원칙을 열심히 전파했다.

나폴레온 힐 협회가 설립된 초기에 힐은 협회의 직원과 대표자들에게 '성공 원칙'을 가르치기 위해 17개의 강의 원고를 시리즈로 저술했다. 그 강의 원고를 숙지한 협회 관계자들은 성공 원칙을 활용하는 방법을 다른 사람에게 가르칠 수 있었다. 1967년에 힐과 그의 부인 루가 설립한 '나폴레온 힐 재단Napoleon Hill Foundation'의 이사들은 그런 강의 원고가 존재한다는 것을 알았지만스톤이 2002년 사망하기 전까지 20년 이상 재단 이사장이었다. 그것을 가지고 있지는 않았다. 2019년 재단 이사장인 힐의 조카 찰스 존슨Charles Johnson 박사가 사망한 후 최근 들어서야 그 자료들이 발견됐고, 처음으로 강의 원고가 나폴레온 힐 재단으로 넘어왔다.

이 강의 원고에는 각 장마다 성공 원칙의 의미와 중요성, 그 원칙을 적용하는 방법이 상세하게 설명되어 있다. 또한 그 원칙들이 서로 어떻게 맞물려 있는지도 친절하게 알려 준다. 이 원고는 처음에 교육 매뉴얼로 만들어졌지만, 이 책의 독자인 당신도 그 내용을 쉽게 이해하고 강력한 영향을 받으리라 생각한다. 이 책은 성공 원칙을 어떻게 활용해야 하는지 다양하고 실용적인 '방법'을 알려 주는 안내서다. 당신은 이 책을 통해 당신이 바라는 성공과 행복, 마음의 평화를 이루어 주는 성공 원칙을 몸으로 익히고 직접 활용할 수 있을 것이다.

우리는 역사상 최고의 성공학 철학자의 잃어 버렸던 오래된 저술물을 이렇게 소개할 수 있어 자랑스럽고 기쁘다. 무엇보다 당신이 이 책을 즐겁게 읽고 성공한 삶을 사는 데 많은 도움을 얻으리라 확신한다.

– 돈 M. 그린Don M. Green

나폴레온 힐 재단의 CEO 겸 이사

# 차례

# 성공의 첫 번째 원칙

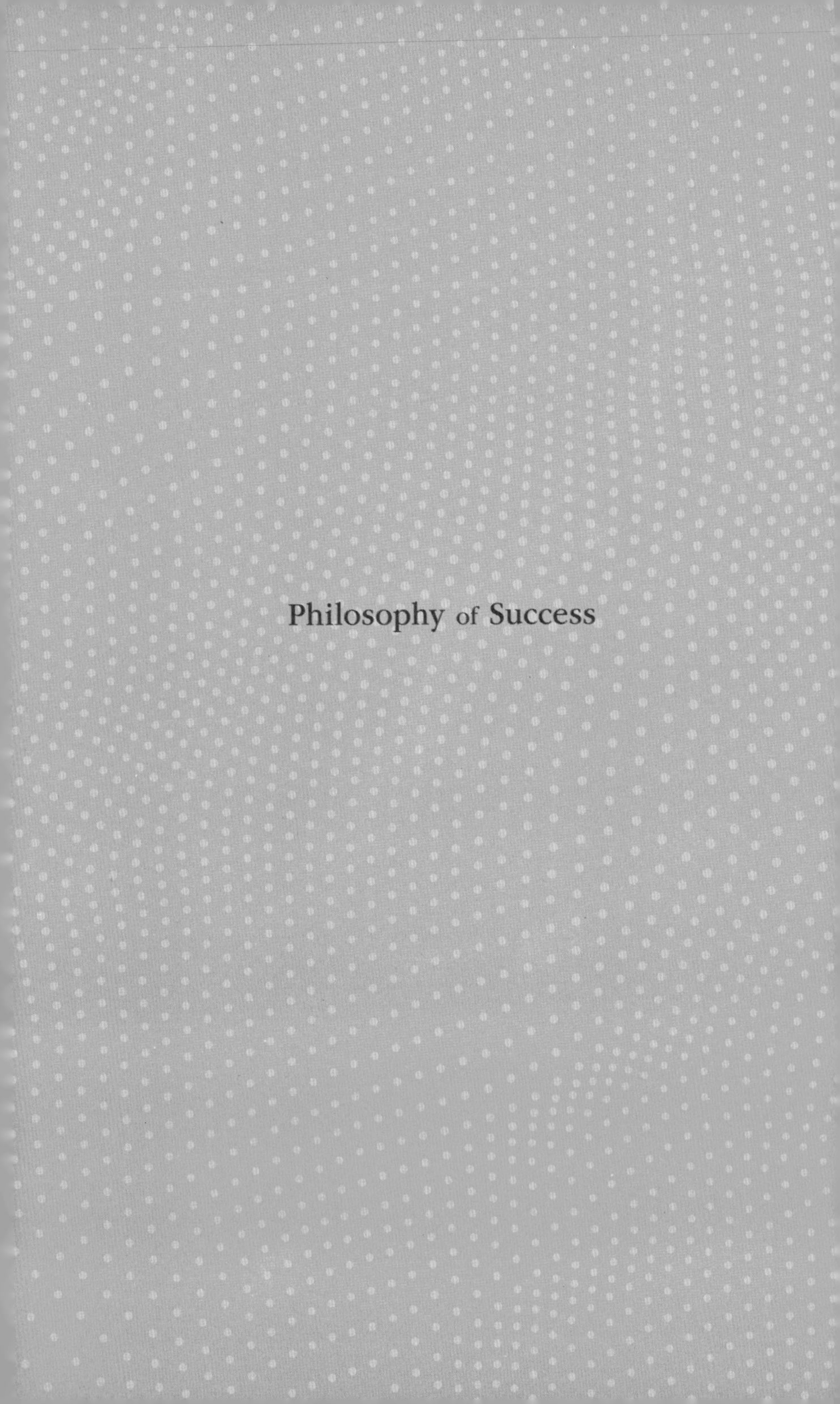

Philosophy of Success

## 명확한 목표 설정

명확한 목표는 모든 성공의 출발선이다. 100명 중 98명이 이 출발선에서부터 걸려 넘어진다. 자신의 목적을 제대로 정의하지 못하거나 목적을 향해 나아가야 할 명확한 목표가 없기 때문이다.

주변을 둘러보라. 이 세상 사람의 98퍼센트는 목적 없이 삶을 표류한다. 그들은 자신에게 맞는 일이 무엇인지 조금도 고민하지 않는다. 또한 생존하기 위해 명확한 목표가 왜 필요한지도 전혀 생각하지 않는다. 이는 문명화된 세상의 끔찍한 비극이 아닐 수 없다. 나는 오늘부터 당신이 작은 것에 만족하는 삶을 살지 않겠다고 굳게 다짐하길 바란다. 작은 것에 만족하지 말라는 내 말이 뜬구름 잡는 말이 아니라는 것을 확신시켜 주겠다. 이렇게 말할 수 있는 이유는 내가 50년 이상 수천 명의 사람을 관찰하며 연구했기 때문이다.

이 지점에서 나는 생각에 관한 이야기를 하고 싶다. 우리가 가진 자산 중 유일하게 고정된 가치를 지니지 못한 게 생각이다. 하지만 그런 생각들이 모든 성공의 시작이다. 이 책의 목적은 우리의 정신 속에서 생각의 흐름을 이끌어내는 것이다. 나는 당신에게 당신의 또 다른 자아를 보여 주려고 한다. 그 자아는 당신의 타고난 정신적 능력을 인식하며, 실패를 받아들이거나 인정하지 않는다. 그리고 당당하게 전진하며 당신이 마땅히 얻어야 할 것을 주장하겠다는 결의를 다진다.

생각은 모든 부의 토대를 형성한다. 이 세상의 모든 발명도 그 출발선은 생각이다. 생각은 우리 주변에 있는 공기와 바다를 장악한다. 하지만 명확한 목표라는 출발선이 없다면 어떤 생각도 원대한 생각으로 발전할 수 없다. 그러므로 명확한 목표 설정이 개인적인 성공 철학의 첫 번째 원칙이다.

명확한 목표의 배후에는 중요한 생각들이 있다. 이 중 어떤 것은 정신적 요소이고 어떤 것은 경제적 요소이다. 나는 이 요소들을 하나하나 분석할 것이다. 그래서 당신이 그런 요소를 철저하게 이해하고 성공의 탁월한 원칙들의 이점을 온전히 활용하도록 도울 것이다. 지금부터 두 가지 중요한 생각을 살펴보자.

첫 번째 중요한 생각은 '모든 성공의 출발선은 명확한 주요 목표를 설정하고 그것을 성취하기 위한 구체적인 계획을 세우는 것이다.' 인생의 명확한 주요 목표를 설정하는 순간, 당신은 즉시 몇 가지 이득을 얻을 수 있는데, 이것들은 대부분 저절로 생긴다.

- **첫 번째 이득 :** 명확한 목표를 세우면 자기 신뢰·자기 주도성·상상력·열정·자기 훈련·집중력이 생긴다. 이 모든 요소는 물질적인 성공에 꼭 필요하다.

- **두 번째 이득 :** 전문성이 생긴다. 명확한 목표를 세우면 전문적인 기술을 배우려는 동기가 생기며, 이렇게 얻은 전문성은 완벽함을 낳는 경향이 있다. 그러면 성공 전문가가 될 가능성이 높아진다. 명확한 목표는 마음을 움직여 성공을 위한 전문 지식을 쌓게 한다.

- **세 번째 이득 :** 시간과 돈을 잘 관리할 수 있다. 명확한 목표가 있으면 시간과 돈을 잘 관리해 매일의 활동을 계획하게 된다. 그로 인해 명확한 주요 목표를 달성할 수 있다.

- **네 번째 이득 :** 명확한 목표를 세우면 정신을 바짝 차리고 기

회를 찾는다. 명확한 목표가 있어야 그 목표를 이룰 기회를 인식하는 일에 더욱 적극적일 수 있다. 또한 기회가 오면 행동할 용기를 북돋아 주는 것도 바로 명확한 목표다.

● 다섯 번째 이득 : 신속하고 단호한 결정을 내리는 능력을 발전시킨다. 성공한 사람은 모든 정보를 파악하는 대로 신속하게 결정을 내린다. 그리고 그 결정을 번복해야 하는 상황이 닥치면 매우 신중하게 결정을 바꾼다. 하지만 성공하지 못한 사람은 결정을 매우 더디게 내리면서 그 결정을 손바닥 뒤집듯 쉽게 바꾼다.

이 점을 곰곰이 생각해 보자. 그리고 종이에 적어서 자주 볼 수 있도록 눈에 잘 띄는 장소에 붙여 두자. 아주 귀중한 조언이기 때문이다. 당신이 이 책에서 별다른 아이디어를 얻지 못해도 이 다섯 번째 이득만 기억한다면 책값이 아깝지 않을 것이다.

결정력을 키우는 방법은 지금 당장 직면한 문제에 대해 결정을 내리기 시작하는 것이다. 어떤 결정이든 지금 하라. 아무 결정도 하지 않는 것보다 어떤 결정이라도 하는 게 훨씬 더 낫다. 결정하는 일을 시작하라.

● 여섯 번째 이득 : 명확한 목표는 당신 자체와 당신의 성격에 대한 자신감을 키워줄 뿐만 아니라 다른 사람들의 우호적인 관심

을 얻게 해서 그들의 협력을 끌어낸다. 자신이 가야 할 길을 알고 반드시 목적지에 도달하겠다고 결심한 사람은 언제나 적극적인 조력자를 찾아낸다.

- **일곱 번째 이득** : 명확한 목표가 있으면 마음에 '믿음'이 들어선다. 명확한 목표로 인한 수많은 유익 중에서도 단연코 가장 큰 유익은 믿음을 제대로 발휘하기 시작한다는 점이다. 그러면 긍정적인 사고를 갖게 되고 공포, 의심, 낙담, 우유부단함, 미루는 태도로 인한 제약에서 해방된다. 의심이 싹트면 변명과 핑계만 늘어놓게 된다. 의심하는 사람은 실패한 후 사과만 하는 인생을 산다. 기억하라. 성공에는 설명이 필요 없다. 반면에 실패는 어떤 변명으로도 정당화되지 않는다.

- **여덟 번째 이득** : 명확한 목표는 성공 의식을 불어넣어 주며 실패 의식이 미치는 영향력을 차단한다. 이로 인해 정신이 성공에 사로잡혀 실패의 가능성은 받아들이지 않는다.

두 번째 중요한 생각은 다음과 같다. '모든 개인적인 성공은 한 가지 또는 여러 가지 동기의 결과다.' 자발적인 행동을 유발하는 기본적인 9가지 동기는 사랑·성욕·물질적 욕망·자기 보호의 욕망·몸과 마음의 자유에 대한 욕망·자기표현과 인정에 대한 욕망·사후 생명에 대한 갈망·복수심·공포다.

이런 동기들의 적절한 조합이 삶의 크고 작은 목표들을 뒷받침하지 않는다면, 대부분 사람은 목표를 끝까지 추구해 성공을 이루는 일에 흥미를 잃을 것이다. 무엇보다 긍정적인 동기를 끌어내려고 노력할수록 잠재의식을 깨워 '무한한 지성Infinite Intelligence'을 끌어낼 가능성이 더욱 커진다.

첫 번째 동기는 '사랑'이다. 사랑은 우리 인생에서 가장 강력한 동기가 된다. 사랑은 인간의 정신적인 면과 관련 있는 초자연적인 힘이다. 나는 사랑을 이야기할 때 단순히 육체적 끌림만을 말하지 않는다. 사랑에는 더 중요하고 광범위한 의미가 담겨 있다. 이 세상에 알려진 동기 중 사랑이 가장 위대하고 강력한 동기다.

사랑에는 많은 종류가 있다. 자신에 대한 사랑은 가장 낮은 단계의 사랑이다. 이기심을 암시하기 때문이다. 가장 높은 단계의 사랑은 진실이나 원칙에 대한 사랑이다. 그 바탕에 올바름이 있기 때문이다. 한편 이웃 간의 사랑은 다양한 형태로 존재한다. 자녀에 대한 부모의 사랑, 부모에 대한 자녀의 사랑, 친구 간의 사랑, 나이나 성별, 사회적 관계를 초월한 사랑, 연인들의 사랑이 그것이다. 대체로 사랑은 다음 3가지 태도나 표현으로 나타난다.

- **사랑의 노동 :** 즉 좋아서 하는 일을 열심히 하는 것이다. 이런 태도는 창조적인 노력을 최대한 많이 끌어낸다. 사랑의 노동은 '삶의 12가지 탁월한 부' 중 하나다.

- **진실과 원칙에 대한 사랑 :** 영적인 깨우침과 사물 그 자체에 대한 더 깊은 지식을 갈망하는 이상에 대한 사랑이다. 이런 사랑의 동기를 지닌 사람은 진정으로 겸손한 사람이다.

- **아름다운 여성이나 멋진 남성에 대한 사랑 :** 이 사랑은 여자친구나 남자친구, 연인, 아내나 남편에 대한 사랑이다. 이런 종류의 사랑에는 최소한 3가지 기본 요소가 있는데 첫째는 육체적 끌림이고, 둘째는 애정적 태도이며, 셋째는 지적 및 영적 동반자이다. 사람이 애정의 대상을 기쁘게 해 주려고 특별한 노력을 기울이고 최고의 재능을 발휘하는 것은 당연하다.

두 번째 동기는 '성욕'이다. 사랑이 정신적 동기라면 성욕은 그것을 보완하는 육체적 동기다. 자연은 명확한 목표라는 원칙을 치밀하게 적용한다. 그래서 생명의 영속성을 보장하기 위해 정교한 계획을 꾸미는데 그 계획으로 성욕보다 더 기발하고 정교한 것은 없다. 짝짓기 본능을 육체적으로 표현하려는 욕구는 인간의 감정 중 가장 강력하다. 이런 충동 때문에 마음에 드는 이성 앞에서 평소에는 잘 나타내지 않는 상상력과 불굴의 용기, 창의력이 샘솟는다.

성욕을 완전히 잠재울 수는 없다. 하지만 그 욕망을 숭고한 방향으로 승화시킬 수는 있다. 성욕을 목표 달성을 위해 행동하게 만드는 거부할 수 없는 원동력으로 바꿀 수 있다.

세 번째 동기는 '물질적 욕망'으로 이는 인간의 기본적인 본성이다. 사랑, 성욕, 물질적 욕망인 3가지 동기를 모두 가지고 있는 사람은 그 혼합된 동기가 세상을 움직이게 하는 감정임을 알 것이다. 혼합된 동기를 지닌 사람은 시계를 보고 있을 시간이 없다. 더 이상 일을 빨리 끝내고 일터를 벗어날 생각을 하지 않는다. 오히려 일을 제대로 해내는 데 모든 신경이 쏠리며, 더는 일을 짐처럼 느끼지 않는다.

여기서 돈과 다른 형태의 물질적 자산에 관한 이야기를 잠시 살펴보고 넘어가자. 많은 사람이 빈곤에 대한 공포 때문에 다른 부를 누릴 기회를 망쳐 버린다. 돈의 진정한 쓰임은 돈을 단순히 소유하는 데 있지 않고, 그것을 효율적으로 사용하는 데 있다. 나는 진정한 행복은 부를 소유하는 게 아니라 물질적 자산을 활용해서 나를 표현하는 것이라는 사실을 알게 됐다. 또한 나는 살아오면서 몸과 마음의 자유를 누리려면 돈이 있어야 함을, 그것도 풍

족히 있어야 함을 배웠다. 돈이 있다면 축복을 스스로 선택할 수 있다. 깨어 있는 시간 대부분을 직장 일에 얽매이고 그 대가로 근근이 살아갈 정도의 돈만 받는다면, 그건 진정한 자유가 아니다. 그런 식으로 생계를 유지해야 한다면 너무 많은 대가를 지불하고 있는 것이다.

나는 사람들이 다른 사람의 식탁에서 나온 부스러기로 만족하는 과거의 습관에서 벗어나도록 돕는 일을 하고 있다. 그리고 사람들이 스스로 부과한 한계를 없애고 부유한 삶을 실컷 즐길 수 있는 입증된 방법을 가르치고 있다.

네 번째 동기는 '자기 보호의 욕망'이다. 당연히 모든 사람은 자신을 보호하는 방향으로 살아가려는 의지를 지닌다.

다섯 번째 동기는 '몸과 마음의 자유에 대한 욕망'이다. 구속받지 않는 자유야말로 사람의 마음속에 있는 가장 기본적인 욕망이다. 사람들은 대부분 언젠가는 자기 사업을 하고 직접 사장이 되고 싶어 한다. 그러면 누구도 자기에게 이래라저래라 하지 않을 테니 말이다.

여섯 번째 동기는 '자기표현과 인정에 대한 욕망'이다. 이 욕망과 관련해서는 조금 특이한 원칙이 있다. 사람은 자신의 마음속 깊숙이 자리 잡고 있어 쉽게 기억하고 늘 되새길 수 있는 생각만 다른 사람에게 전달한다. 간절하게 기억하려고 하는 보석과 같은 생각이나 지혜를 다른 사람에게 알려줄 때는 반복적으로 전달해야 한다. 그렇지 않으면 그들은 중요한 순간에 그 말을 기억해낼 수 없을 것이다.

그러니 이 책에서 배운 성공 철학의 원칙을 다른 사람들에게 반복적으로 알려 주기를 바란다(당신의 목표나 계획을 자세히 알려 주라는 말은 아니다. 그런 것들은 철저하게 혼자만 알고 있어야 한다). 자기 생각을 표현하는 것도 베푸는 것이며, 베푸는 것이 곧 삶이다. 다른 사람의 협력 없이 탁월한 성공을 거둔 사람은 없다. 그러니 협력에 대한 대가로 사람들에게 무언가를 주어야 한다. 이게 바로 자기표현과 인정에 대한 욕망을 전략적으로 중요하게 활용해야 하는 이유다.

일곱 번째 동기는 '사후 생명에 대한 갈망'이다. 이는 매우 강력한 동기다. 영원한 생명에 대한 갈망은 자기보호의 욕망과 밀접하게 관련되어 있다. 사후 생명은 인간의 본능이다.

여덟 번째 동기는 '복수심'이다. 인간에게는 기본적으로 앙갚음을 하려는 감정이 있지만, 그것은 아주 원시적인 법칙이며 아무런 도움이 되지 않는 헛된 감정이다. 꼭 되갚아 줘야겠다면 당신을 도운 사람들에게 되갚아 주어라.

아홉 번째 동기는 '공포'다. 공포에는 기본적으로 7가지 종류의 공포가 있으며, 사람들은 몇 가지의 공포가 혼합된 공포를 경험하기도 한다. 공포는 당신에게서 자기 주도성을 앗아갈 수 있다. 또한 평생 가난의 굴레에서 벗어나지 못하게도 한다. 공포가 야기하는 부정적인 영향력을 없애려면, 기본적인 공포를 모두 정복해야 한다.

이제 당신은 당신의 또 다른 자아와 만나게 될 것이다. 이 자아는 당신 내부에 있는 힘이다. 이 자아가 힘을 발휘하는 데 당신 자신 말고 다른 사람의 역할은 필요 없다. 이 자아는 당신이 직면한 문제의 해법을 찾기 위해 '무한한 지성'과 접속하는 개인적인 힘이다. 이 힘은 매우 강력해서 그 힘을 사용하면 인생에서 당신이 원하는 것은 무엇이든 얻을 수 있다. 예전에 나는 '합당한 범위 내에서' 당신이 원하는 것을 얻을 수 있다고 말했었지만, 더는 그렇게 말할 수 없다. 이제 나는 당신이 인생에서 원하는 것은 무엇이든 얻을 능력을 갖출 수 있다고 말하겠다.

지금부터 나는 당신이 계획과 목표를 달성하는 일에 성공 원칙을 적용할 수 있도록 단계별로 자세한 지침을 제공할 것이다.

**1** 명확한 주요 목표를 달성하기 위한 확실하고 명료하고 간결한 계획을 적어라. 당신의 열망을 이루기 위해 시간을 최대로 얼마나 쓸 수 있는지 명시하라. 성취 가능성과 확률에 따라 노력을 배분하라.

**2** 목적 달성에 대한 대가로 무엇을 포기할 수 있는지 정확하게

적어라.

**3** 아무것도 주지 않고 무언가를 얻을 수는 없다. 모든 것은 그 나름대로 가격표를 가지고 있다. 당신이 열망하는 대상을 얻기 전에 그것의 가격표를 보고 값을 온전히 치러야 한다. 일반적으로 그 값은 선불로 내야 한다. 값은 할부로 치를 수도 있고 그게 더 수월한 방법일 수 있지만, 어쨌든 모든 값은 당신이 열망하는 대상이 당신의 것이 되기 전에 치러야 한다.

**4** 계획은 수정할 수 있도록 유동적으로 세워라. 당신의 주요 목표가 정말로 명확하다면 그것이 이루어질 때까지 목표는 바뀌지 않을 것이다. 하지만 그 목표를 달성하기 위한 계획은 여러 번 바뀔 수 있다. '무한한 지성'이 당신이 생각해 낸 계획보다 훨씬 더 탁월한 계획을 밝혀 줄지도 모른다. 갑작스럽게 머릿속에서 떠오르는 더 나은 계획을 기쁘고 감사하게 받아들여 기꺼이 적용할 준비를 언제나 하고 있어라.

**5** 주요 목표와 계획을 가능한 한 자주 의식으로 불러내라. 그것들과 함께 먹고 함께 자라. 어디를 가든 그것들을 지니고 다녀라. 그렇게 할 때 당신의 목표를 알아챈 잠재의식은 당신이 잠들어 있

는 동안에도 그 목표를 달성하기 위해 열심히 일한다는 사실을 명심하자. 주요 목표가 타오르는 열망이 될 때까지 원하는 것은 계속 생각하고 원하지 않는 것은 머릿속에서 떨쳐내라.

마음이 생각하고 믿을 수 있는 것은 그게 무엇이든 다 이룰 수 있다. 지금 당장 명확한 주요 목표 및 그밖에 다른 열망과 목표를 머릿속으로 생생하게 그려 보자. 그리고 목표를 상상할 때마다 다음 문장을 반복해서 말해 보자.

> "나는 내가 되고자 한 사람이 된 내 모습을 머릿속으로 생생하게 그리며 목표를 열정적으로 이뤄나가고 있다."

# 성공의 두 번째 원칙

# Philosophy of Success

# 마스터 마인드 연합

'마스터 마인드Master Mind'란 한 개인이 다른 사람들과의 연합을 통해 목표를 이루는 데 필요한 지식을 모두 얻어 활용할 수 있게 하는 기법이다. 즉 명확한 목표를 달성하기 위해 두 명 이상의 사람이 완벽하게 조화를 이루며 정신적인 협력을 통해 개발하는 심성이다. 어떤 소명에서든 마스터 마인드를 활용하지 않고 탁월한 성공을 거두기는 어렵다. 한 사람의 정신만으로 완벽한 힘을 발휘할 수는 없기 때문이다. 우리는 다른 사람의 정신과 연합할 때 진정으로 위대한 정신이 강력하게 나타난다. 그러니 성장하고 확장하려면 사람들은 모두 다른 사람의 정신과 교감하고 연합해야 한다.

때때로 이렇게 정신이 강화되고 확장되는 과정이 마치 우연히 일어나는 일처럼 보여 당사자가 무슨 일이 어떻게 일어나는지 자각하지 못할 수 있다. 하지만 분명한 사실은 가장 뛰어난 정신력은 마스터 마인드를 철저하게 이해하고 계획적으로 활용한 결과로 인해 나타난다는 것이다. 그런데도 이 사회에 진정으로 탁월한 마스터 마인드 연합이 드문 것은 이 기법을 제대로 이행하는 사람이 없기 때문이다.

마스터 마인드의 몇 가지 기본 원칙은 협력하는 대상과 관련 있다. 첫 번째 원칙은 마스터 마인드 연합이 다른 사람의 경험, 훈련, 교육, 전문 지식, 타고난 지능을 마치 자기 것처럼 최대한 활용할 수 있는 실제적인 수단이라는 점이다. 정말 놀라운 혜택이다. 이는 지질학자나 화학자 같은 과학자의 전문 지식이나 인류의 축적된 지식, 개인 성공학의 모든 철학을 마치 내것처럼 활용할 수 있다는 말이다.

두 번째 원칙은 조화다. 두 사람 이상이 적극적으로 연합해 공동의 목표를 달성하기 위해 완벽하게 정신적 조화를 이루면, 각자는 평소보다 더 높은 수준의 용기를 발휘하고, '믿음'의 마음 상태에 이른다. 마스터 마인드 연합에 참여한 모든 구성원은 기탄없이 자기 생각을 말하며 완벽한 합의를 끌어내야 한다. 그들은 정보에 대해 합의하고, 의견을 일치시키고, 명확한 목표에 관심을 두는 완벽한 공동체가 되어야 한다. 각 구성원은 자신의 개인적 야망보다 마스터 마인드 연합의 명확한 목표를 성공적으로 달성하고 수행하는 일을 더 중요하게 생각해야 한다.

하지만 이런 종류의 조화는 즉시 이루어지지 않는다. 4가지 요소인 신뢰, 이해, 공정성, 정당성이 밑바탕이 될 때 조화가 싹트고 발전한다.

- **신뢰 :** 구성원 간의 신의를 바탕으로 생기는 신임과 확신이다. 공동체의 목표가 공익을 수행하는 일이 아니라면 구성원이 아닌 외부 사람과 그 목표를 논의해서는 절대 안 된다.

- **이해 :** 상황 및 과제의 본질과 의미, 그로 인한 영향을 온전히 아는 것을 의미하며 당면 과제에 대해 관대하고 공감하는 태도를 나타낸다. 마스터 마인드 연합의 구성원 각각은 자신들이 수행하는 명확한 목표에 공감해야 한다. 각각의 구성원은 명확한 목표가 좋은 생각이라는 데 동의하며 전폭적으로 지지하자고 의견을 모아야 한다.

- **공정성 :** 편파나 편애, 편견이 없어야 한다. 또한 그것은 선입견과 이기적인 태도가 없음을 말한다.

- **정당성 :** 마스터 마인드 연합의 구성원 중 누구도 다른 구성원을 희생시키면서까지 불공정한 이점이나 이기적인 목적을 추구하

지 않는다.

모든 정신은 생각의 파동을 주고받는 능력이 있다. 개개인의 정신 사이에서 일어나는 이러한 의사소통은 거의 의식하지 못한 상태에서 계속 이루어진다. 이 사실은 마스터 마인드의 원칙과 관련해 중요한 의미를 지닌다. 확실한 증거에 따르면 마스터 마인드 연합을 통해 서로 정신적 자극을 주고받으면 정신의 기민함은 한층 커진다. 그러면 평소보다 다른 사람의 생각을 더 잘 수용하게 된다. 그와 비슷하게 마스터 마인드 연합에서 자극을 받은 개인의 정신은 자기 생각의 진동을 다른 사람의 정신에 더욱 강력하게 발산할 수 있다.

인간은 자연의 모든 구성 요소를 이용할 수 있는데, 생각 에너지라는 형태를 통해 그렇게 할 수 있다. 두 명 이상의 사람이 정신적인 조화를 이루고 명확한 목표를 위해 열심히 노력하며 자기의 생각을 조정할 때 그들은 '무한한 지성'이라는 위대한 지혜의 보고로부터 강력한 힘을 직접 받아들이는 위치에 서게 된다. 무한한 지성이야말로 가장 탁월한 힘의 원천이다.

여기서 한 가지 중요한 점을 생각해 보자. 부정적인 태도를 지닌 사람은 말 한마디 하지 않아도 같은 조직에 있는 수천 명의 사람에게 부정적인 영향을 미칠 수 있다. 매개체는 텔레파시다. 우리의 정신은 일정 범위에 있는 사람들의 정신에 늘 영향을 받는다. 그 범위가 어떤 규모이든 그 안에 있는 사람들은 자신도 모르는 사이에 텔레파시로 서로 교감한다. 어떤 사람의 정신은 다른 사람보다 훨씬 더 멀리 텔레파시를 보내기도 한다. 우리는 늘 다른 사람의 생각을 감지한다. 그리고 그 생각을 자기 생각으로 착각하는 일이 자주 있다. 그렇기 때문에 부정적인 파장에서 자신의 정신을 보호하는 기술을 연마하지 않으면 부정적인 분위기에서 살아남을 수 없다.

마스터 마인드 연합의 구성원에게 무엇을 해 달라고 요청하기 전에 당신은 먼저 자신의 정신을 훈련해야 한다. 어떤 상황에서도 부정적인 생각을 지닌 채 마스터 마인드 연합에 합류하려고 하지 마라. 부정적인 생각이 들거든 마스터 마인드 연합에서 잠깐 빠져나와 긍정적인 생각으로 바뀔 때까지 기다려라. 당신도 알다시피 마음의 상태는 전염된다. 당신이 다른 사람에게 발산하는 것이 부정적인 것이 아닌 긍정적인 것이 되도록 하자. 그것이 반사되어 당신에게 되돌아오기 때문이다. 당신이 부정적인 마음을 발산한다면 상대방도 당신을 부정적으로 대한다.

그래서 정신을 훈련하는 일은 대단히 중요하다. 그래야 다른 사람에게 의견을 말할 때 당신의 말뿐 아니라 그 이면에 있는 감정도 전달할 수 있다. 때때로 말보다 정신적 태도가 메시지를 더 잘 이해시킨다. 정신적 교류에는 미묘한 부분이 있게 마련이다. 그럴 때 말 이면에 있는 정신을 전달하지 않으면 그런 미묘함을 표현할 방법이 없다.

성공과 실패는 당신의 정신에 달려 있음을 기억하라. 당신이 이 엄청난 깨달음에 눈을 뜬다면 '삶의 12가지 탁월한 부'를 마음껏 누리게 될 것이다.

**1** 긍정적인 사고방식

**2** 건강한 신체

**3** 인간관계의 조화

**4** 공포에서의 자유

**5** 성취 희망

**6** 믿음을 지니는 능력

**7** 축복을 기꺼이 나눠 주는 마음

**8** 사랑의 노동

**9** 모든 주제에 열린 마음

**10** 자기 훈련

**11** 사람을 이해하는 능력

**12** 재정적 안정

가장 탁월한 마스터 마인드 연합은 사랑하는 남녀의 연합이다. 이 연합은 불꽃같은 로맨스를 계속 유지해 사랑을 키워 나가는 게 핵심이다. 로맨스의 황홀함을 느끼면 못할 게 없다. 미천한 노동자의 생각은 천재의 생각으로 변한다. 낙담을 몰아내고 그 자리에 명확한 목표가 자리를 잡는다. 빈약함은 성취를 위한 강력한 추진력과 억누를 수 없는 힘으로 둔갑한다. 이게 바로 진짜 열정이다. 이런 감정이 상상력의 방아쇠를 당겨 창의적인 행동을 하게 한다.

성욕은 자연이 선사한 영감의 원천이다. 자연은 남성과 여성 모두에게 창조하고, 만들고, 이끌고, 감독할 강렬한 열망을 준다. 비전과 주도성, 열정을 지닌 사람은 미술, 음악, 연극, 산업, 비즈니스를 이끌고 거기서 탁월한 성과를 낸다. 그들은 성욕을 열정적인 활동의 원동력으로 승화시킨다. 그게 바로 그들이 우월한 성과를

낼 수 있는 이유다. 사랑하는 사람에게 전념하고 로맨스로 감정이 불타오르면 거대한 추진력을 얻어 자신의 소명을 추구할 수 있다. 사랑과 성욕의 결합으로 생긴 이 추진력은 삶의 묘약이다. 이는 자연이 창의적인 노력을 표현하는 방식이다. 결혼한 사람이 배우자와 완벽한 조화를 이루고 서로 이해하고 공감하며 하나의 목적을 추구한다면, 그 관계는 값을 매길 수 없을 정도의 귀중한 자산이다. 이 덕분에 그들은 개인적 성공이라는 높은 고지로 도약할 수 있다.

지금까지 살펴본 것처럼 사랑은 삶의 9가지 기본 동기를 끌어내어 자발적인 행동을 하도록 영감을 불어넣는다. 가족이라는 마스터 마인드 연합에 사랑이 풍부하다면 가정의 재정 상태가 불화의 원인이 되지는 않을 것이다. 사랑은 모든 장애물을 극복하고 문제에 맞서고 난관을 헤쳐나가는 힘을 지녔기 때문이다.

다른 유형의 마스터 마인드 연합으로는 교육이나 정치, 종교에 따라 또는 사회적 지위나 경제적 목적에 따라 연합하는 공동체가 있다. 명석하고 기민하고 유연하고 다른 사람의 생각을 잘 수용하는 사람은 사람들과 언제나 동료애를 유지한다. 혼자서 위대함을 이루는 사람은 아무도 없다. 탁월한 성공은 모두 협력을 기반으로 한다.

마스터 마인드 연합을 결성하고 유지하는 첫 번째 단계는 그 공동체가 달성할 명확한 목표를 정하고 그 목표를 달성하는 데 가장 중요한 교육과 경험, 영향력이 있는 구성원을 선택하는 것이다. 단순히 아는 사람이라고 또는 좋아하는 사람이라고 그 사람을 마스터 마인드 연합의 구성원으로 선택해서는 안 된다. 각 구성원은 마스터 마인드 연합이 그리는 전반적인 그림에 확실하고 탁월하고 특별한 기여를 해야 한다. 목표 달성을 위해 반드시 필요하지만 당신에게 없는 특성을 가진 사람들로 구성원을 선택한다. 마스터 마인드 연합의 구성원 수는 달성해야 할 목표의 본질과 중요성에 따라 달라진다. 그리고 각 구성원이 협력의 대가로 받을 적절한 혜택을 정해야 한다. 당신이 이익을 얻는다면 도움을 준 사람들과 그것을 기꺼이 나누어야 한다. 각 구성원들을 공정하게 대하는 데서 그치지 말고 관대하게 대해야 하며, 5장에서 알려줄 '한층 더 노력하기' 원칙은 여기에도 적용된다. 그들에게 줘야 할 것보다 더 많은 것을 주어야 한다.

구성원이 결성되었다면 구성원들이 함께 모일 분명한 장소를 정하라. 명확한 계획을 세우고 그 계획에 대해 함께 토론할 시간을 정해 두는 게 좋다. 구성원들은 정기적으로 자주 만나는 게 중요하다. 구성원들 사이에 조화가 유지되고 명확한 주요 목표를 추구하는 동안 그런 화합을 지속하는 것은 리더의 책임이다.

행동이나 노력은 열망과 계획, 성취를 잇는 연결점이다. 마스터 마인드 연합의 좌우명에는 '명확함'이 있어야 한다. 지속적이고 완벽한 화합으로 뒷받침되는 명확한 목표와 긍정적인 계획을 좌우명으로 삼아라.

명확한 목표는 마스터 마인드 원칙을 톱니바퀴처럼 맞물려 돌아가게 만드는 첫 번째 요소다. 명확한 목표를 세웠다면 그다음에는 자기 주도성을 나타내야 한다. 당신이 앞장서야 한다. 다른 사람이 나타나서 도와주기를 기다리고 있어서는 안 된다. 또한 행동하는 믿음을 발휘해야 하며 한층 더 노력해야 한다. 자기 훈련은 필수다. 다른 사람을 훈련하려고 하지 말고 늘 자신을 훈련하는 데 힘써야 한다. 힘을 사방으로 분산시키면서 동시에 많은 일을 하려고 하면 인생에서 성공할 수 없다. 한 가지에 집중해야 한다.

전지전능한 신의 섭리가 인간 정신의 메커니즘을 얼마나 효율적으로 배열해 놓았는지, 단 한 사람의 정신으로는 무슨 일이든 완벽하게 할 수 없다. 정신이 온전한 의미로 완벽해지려면 두 명 이상의 사람이 명확한 목표를 달성하기 위해 함께 노력하며 조화로운 연합을 해야 한다. 평범함을 뛰어넘어 비상함으로 도약하려면 자신의 정신과 다른 사람의 정신을 혼합해 사용하는 능력을 이해해야 한다. 그렇게 하면 혼자서는 경험할 수 없는 무형의 힘을 온전히 이용해 원하는 결과를 얻을 수 있다. 두 명의 정신이 서로 만나 힘을 발휘하려면 제3의 정신을 탄생시켜야 한다. 그 정신은 두 명의 정신이 각기 지닌 힘보다 훨씬 더 큰 힘을 지닌다.

마스터 마인드는 인간이 만든 원칙이 아니다. 그것은 자연법칙에 있는 위대한 시스템의 일부다. 그것은 모든 별과 행성을 제자리에 있게 하는 '만유인력 법칙'처럼 불변의 원칙이며, 각 단계가 언제나 명확하게 작동한다. 우리는 그 원칙을 조정할 수 없다. 다만 그것을 이해하고 적용할 수 있을 뿐이다. 우리는 자신이 누구든, 자기 소명이 무엇이든 최대의 유익을 얻을 수 있는 방향으로 그 원칙을 활용해야 한다. 성공은 다른 사람의 권리를 침해하지 않는 한도 내에서 자신이 원하는 것은 무엇이든 얻는 힘이다. 지식만 있다고 해서 그 힘이 있는 건 아니다. 명확한 목표를 이루는 데 도움이 되는 다른 사람의 지식과 경험을 자기 것으로 만들어 활용할 때 성공을 이룰 힘을 얻는다. 게다가 그 힘은 가장 유익한 질서에서 발산하는 힘이다.

당신이 컨설턴트와 동료로 삼고 싶은 긍정적인 사람들을 생각해 보라. 유능하고 긍정적인 사람들과 연합해 목표 달성을 위한 계획을 세우면서 완벽한 조화를 이루는 모습을 상상하라. 그리고 이렇게 반복해서 말해 보자.

> "나는 마스터 마인드 연합에서 목표를 달성하기 위해
> 긍정적인 친구들과 조화를 이루며 만나는 것을 좋아한다."

# 성공의 세 번째 원칙

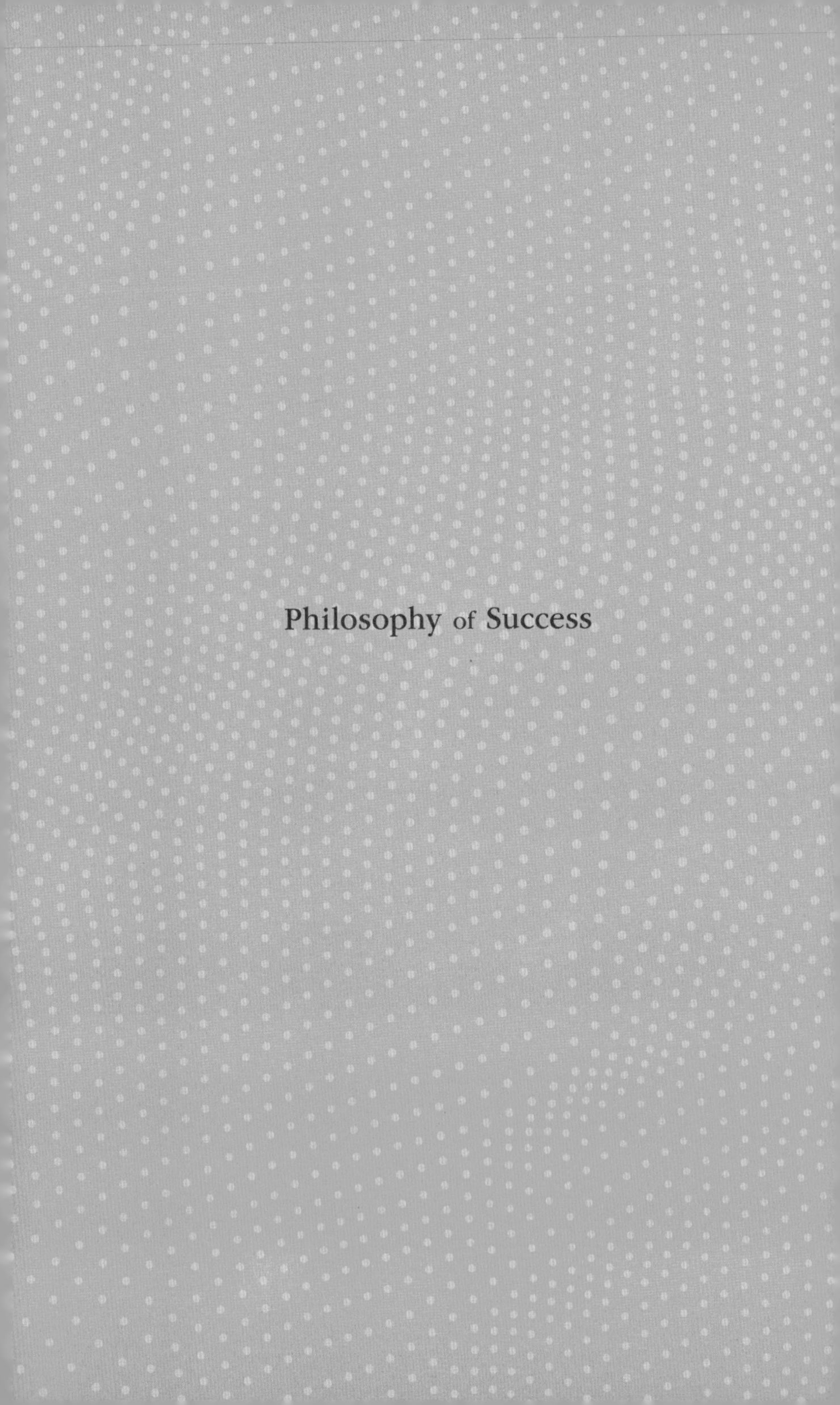

# Philosophy of Success

# 믿음의 의미

이 장의 목적은 믿음의 정확한 의미를 설명하는 것이다. 그리고 지금부터 당신이 일상생활을 하면서 부딪히는 문제를 해결하는 데 도움이 되는 제안을 할 것이다. 내가 말하고 있는 믿음은 어떤 신학이나 종교와는 관련 없이 일상적으로 활용되는 믿음, 즉 적극적인 동기 부여를 유도하는 믿음이다. 내가 다루고자 하는 유일한 종교는 올바른 생각과 올바른 삶이라는 포괄적인 의미의 종교다. 살아가면서 중요한 인간관계를 맺을 때 올바르게 생각하고 살아간다는 의미로 믿음을 다루려고 한다.

믿음은 마음의 상태라는 점에서 정의하기가 대단히 어렵다. 더구나 믿음은 어떤 것을 단순히 지지하기만 하는 수동적인 마음이 아니라 적극적인 마음이다. 이는 외부에 있는 위대한 '엘랑 비탈elan vital, 항상 새로운 자기를 형성하기 위하여 생명의 내부에서 분출되는 힘' 이나 우주의 생명력과 관련을 맺는 마음의 상태다.

'믿음'이라는 단어는 추상적인 사상이며 순전히 정신적인 개념이다. 그래서 이해하기가 더 어렵다. 믿음을 이해할 수 있는 유일한 방법은 무언가를 하거나 표현하는 구체적인 실체가 있는 대상을 관찰하는 것이다.

믿음의 구체적인 실체는 '믿음이라는 마음을 활용하는 인간'이다. 인간이 이 아름다운 세상에서 자기 주변에 있는 힘을 감지하기 위해 믿음을 발휘하고 그 힘에 전율을 느끼며 자신의 삶을 그 황홀한 힘과 조화시키려고 노력한다는 점이 바로 믿음의 실체다. 이는 곧 인간의 마음과 보이지 않는 우주의 힘의 관계를 나타낸다. 그리고 그 관계에는 무한한 가능성이 있다. 그러니 믿음이 무엇인지 정확하게 말하기가 어렵지 않겠는가.

최종적으로 분석해 보면 믿음은 개개인의 마음이 자기 자신을 마주하는 활동이며 우주의 정신이자 보이지 않는 위대함, 신성한 정신으로 다양하게 언급된 힘과 협력체를 세우는 활동이다. 이 힘을 정통 교회는 신으로, 성공 철학을 배우는 학생은 무한한 지성으로 언급한다.

이 지점에서 나는 '무한한 지성'이 무엇을 의미하는지 설명하고 싶다. 신에 대한 긍정적이고 명확한 믿음이 없이는 믿음이라고 부르는 마음 상태에 도달한 사람이 없다는 게 내 생각이기 때문이다. 신이라는 존재를 확신하려면 자신의 모든 기능을 다 동원해야 할 것이다. 즉 관찰력과 실험 능력, 느낌, 기도, 명상, 생각 모두를 총동원해 접근해야 한다.

생각하는 인간에게 외부 우주는 언제나 최고의 힘, 창조력, 최고 명령자가 존재한다는 증거였다. 과학의 진보로 우리가 '자연'이라고 부르는 이 힘의 많은 비밀이 밝혀졌다. 자연의 모든 과정은 질서정연하다. 물리적 우주에는 우연도, 무질서도, 혼돈도 보이지 않는다. 태양이 오늘 동쪽에서 떴다가 내일 서쪽에서 뜨는 일은 없으며, 자연의 모든 현상은 법칙의 산물이다. 지금까지 단 한 번의 예외도 발견된 적이 없다. 우주는 완벽한 질서와 법의 지배 아래 존재한다. 우주 전체의 질서와 법에 복종하는 우주는 그 배후에 지성 있는 계획과 명확한 목표가 있음을 분명히 암시한다.

질서는 지성 있는 명령의 산물이다. 그런데 오늘날 냉철한 과학자들은 우주가 사고의 산물로 나타났다고 주장한다. 따라서 피할 수 없는 결론에 이른다. 정신이라는 게 없다면 계획이나 목적이 있을 수 없으며, 생각하는 자 없이는 생각이 존재하지 않는다. 우주는 자연에 지성이 추구하는 목적이 있다고 선언한다. 그러므로 우주에는 명령을 내리는 최고의 무한한 지성이 있음을 분명히 알 수 있다.

예를 들어, 손목시계를 생각해 보자. 당신은 그 시계를 누가 만들었는지 안다. 그리고 그것이 어떻게 작동하는지 알 수 있으며 금속 부품을 분석할 수도 있다. 조직적인 지성의 도움 없이는 그 시계가 존재할 수 없다는 것도 안다. 그리고 시계를 만드는 데 사용된 지성은 인간의 정신이라는 것도 알고 있다. 또한 인간이 사용한 지성의 근원은 인간의 정신이 아니라는 것도 이해한다. 인간은 더 큰 지성의 창조적 힘을 표현하는 도구에 불과하다. 시계를 분해해서 서로 연결된 부품을 분리하고 그것들을 모자에 담은 후 흔들어 봐라. 그러면 백만 년이 지나도 그 부품들이 스스로 다시 조립되어 시계의 기능을 똑같이 수행하는 기계가 될 가능성은 없다. 시계는 그 배후에 있는 조직적인 지성과 명확한 계획 때문에 정확하게 작동하는 것이다. 그러니 우주가 작동하는 배후에는 조직적인 무한한 지성이 있다는 믿음을 갖는 게 합리적이다. 이것이 우리의 지각이 우리에게 설명하는 것이다.

당신은 무한한 지성을 받아들이도록 정신을 훈련함으로 믿음을 기를 수 있다. 무한한 지성으로부터 받은 힘을 명확한 주요 목표에 적용할 때 이를 '행동하는 믿음applied faith'이라고 한다. 행동하는 믿음은 성공 철학의 '발전기dynamo'라고 불린다. 그러한 믿음이 그 철학을 행동으로 옮길 힘을 주기 때문이다. 즉, 믿음은 어떤 명확한 목표를 달성하기 위해 일시적으로 자신의 이성과 의지를 내려놓고 무한한 지성의 안내에 완전히 마음을 여는 상태를 뜻한다. 그렇게 수용적인 태도를 지니고 있을 때 무한한 지성은 당신에게 아이디어나 계획 등을 불현듯 떠오르게 하여 당신을 안내한다.

인간의 정신에는 신비롭고 정교한 방식으로 무한한 지성에 접근할 수 있는 통로가 있다. 그 통로는 바로 '잠재의식'이다. 인간의 잠재의식은 인간의 의식과 무한한 지성의 광활한 보고를 연결하는 통로다. 인간이 성장하고 발전하고 타고난 힘을 발휘하려면 무한한 지성에 의존해야 한다. 잠재의식은 이 지성의 물줄기가 흐르는 수도꼭지에 비할 수 있다. 잠재의식을 통해 흘러들어온 지성의 물줄기로 우리는 살아가고 활동하고 존재한다. 그러므로 이 통로를 언제나 열어 놓아야 한다. 그 통로에서 자신이 만든 제약이나 한계를 없애야 한다. 우리 안으로 흘러들어오는 에너지를 막는 일은 아무것도 해서는 안 된다.

무한한 지성에는 한계가 없다. 한계가 있다면 우리가 자기 자신에게 스스로 부과한 한계뿐이다. 인간의 정신은 무한한 지성의 힘을 받아들이고 분배하는 도구라는 개념이 행동하는 믿음을 이해하는 출발선이다. 자연법칙을 거스르지 않고 질서정연한 우주의 정신과 조화를 이루기만 하면 인간의 정신이 무엇을 상상하고 믿든 그것을 이룰 수 있다.

인간이 이 지구에 존재하는 목적 중 적어도 하나는 무한한 지성의 힘을 받아 나눠 주는 역할인 것으로 보인다. 이 목적에 협조하는 사람은 만물의 배후에 있는 힘과 하나가 되는 것이고, 반대로 자기의 이기적인 목적을 추구하는 사람은 무한한 지성의 힘을 거스르고 그 힘이 자신에게 유입되는 것을 막는 것이다. 무한한 지성은 흐르는 물줄기처럼 우리에게 생명을 부어 주며 몸과 마음의 모든 기능을 유지하게 해 준다. 지금부터 무한한 지성의 전도체 역할을 하며, 그 에너지를 건설적인 목적에 맞게 구현해 보자. 그러면 그 에너지를 활용해 삶의 환경과 상황을 이끌 수 있을 것이다. 이렇게 유입되는 힘에는 한계나 결함이 없다. 하지만 그 힘은 우리가 개인적으로 그것을 이해하고 표현하는 방식으로만 이 세상에 자신의 모습을 드러낸다.

믿음을 가지려면 당신이 원하는 것은 계속 생각하고 원하지 않는 것은 생각에서 떨쳐내야 한다. 당신은 무엇을 원하는가? 명확한 목적을 생각하며 당신이 원하는 것을 정확하게 정한다. 그다음 믿음의 힘으로 행동해야 한다. 화려한 꽃으로 피어나기 전의 꽃봉오리와 같은 당신의 강렬한 소망의 씨앗에 필요한 단 한 가지는 그것을 싹틔우기 시작하는 믿음이라는 햇빛이다. 믿음의 힘을 얻는 방법은 무한한 지성과 연결하는 통로인 잠재의식을 활용하는 것이다. 잠재의식을 활성화해 그 힘을 목적을 성취하는 데 집중시켜라. 모든 감정을 끌어올린 상태에서 그 목적을 분명히 말하며 잠재의식에 당신의 열망을 계속 쏟아부을 때 그렇게 할 수 있다.

곰곰히 생각해 봐야 할 놀라운 점이 있다. 당신이 명확한 목표를 세우고 그것을 성취하기 위해 믿음으로 행동할 때 온 우주의 창조력이 당신의 마음을 통해 작동한다. 여기에 당신이 다수의 인류와 구별되고 그저 그런 평범함에서 벗어나는 유일하고 확실한 방법이 있다. 다수에서 벗어나려고 사막이나 무인도를 여행하거나 혼자 고립될 필요는 없다. 원대한 꿈을 갖고 그것을 매우 강력한 목표로 삼으면 된다. 이렇게 하면 자기중심적이고 이기적이고 부정적인 인류에서 벗어나 무한한 지성이라는 위대한 생명력과 하나가 된다.

침묵 명상은 아무리 강조해도 지나치지 않다. 생각을 집중시키는 형태의 이 명상은 잠재의식을 활성화해 잠재의식의 진동을 더욱 크게 만든다. 그러면 의식이 더 효율적으로 무한한 지성에 가 닿는다. 이는 자신의 정신을 완전히 통제하여 고갈되지 않는 힘의 원천을 이용하는 방법이다.

당신과 무한한 지성과의 관계에 대해 깊고 진지하게 생각할 시간을 하루에 적어도 한 시간은 고정적으로 정해 놓아야 한다. 이렇게 시간을 투자하면 당신은 현재 꿈꾸는 것 이상으로 삶을 풍요롭게 해 주는 배당금을 받게 될 것이다. 당신이 종교인이라면 이 시간을 기도하는 시간으로 삼을 수 있다. 하지만 이 책을 계속 읽다 보면 기도에 대해 일반적인 기도와는 약간 다른 견해가 생길 것이다.

지금까지 언급한 대로 분명히 믿음은 결핍, 빈곤, 공포, 건강 악화, 부조화 등 모든 부정적인 생각을 마음에서 적절하게 제거해야만 얻을 수 있는 마음 상태다. 마음에서 이러한 부정적인 생각을 없앨 때 다음 3가지 단계를 통해 믿음으로 채워진 마음 상태를 어렵지 않게 만들 수 있다.

1 목표를 이루려는 분명한 열망을 표현하라. 목표에 하나 이상의 기본 동기를 결부시켜라.

2 원하는 것을 얻기 위한 명확하고 구체적인 계획을 세워라.

3 의식적인 노력을 쏟아부으며 계획을 실천하기 시작하라.

잠재의식이 무한한 지성의 힘을 활용하는 순간부터 더 좋거나 완벽한 계획이 존재한다면 기존의 계획을 수정해야겠다는 예감이나 직감이 든다. 이 과정에서 당신의 영적 힘은 정확하게 당신의 목표를 지원하고 당신의 문제는 당신의 신에게로 넘어간다. 당신이 무한한 지성을 믿는다면 틀림없이 문제의 해법이 나타난다. 그

해법은 무한한 지성의 통로인 잠재의식이 의식으로 보낸 아이디어나 계획으로 나타날 것이다.

이런 방식에 대해 당신의 이성이 무슨 말을 하든 신경 쓰지 마라. 무한한 지성을 받아들이려고 정신을 훈련하면서 그 힘의 안내를 받는다는 것은 일시적으로 이성의 기능을 억누르는 것이다. 이 부분은 대단히 중요하다. 이성을 억누르지 않는다면 곧 이성은 당신이 하는 모든 행동에 이의를 제기할 것이다. 그러면 의지력의 힘을 뺄 수 없게 되며, 당신이 추구하는 더 높은 차원의 힘에 당신 자신을 온전히 내맡길 수 없다. 당신은 무한한 지성의 안내를 받아들이도록 마음을 통제하는 기술을 연마해야 한다.

무한한 지성으로부터 답을 받는 시기를 어떻게 알 수 있는지 궁금한가? 강렬한 열정을 느끼며 영감이 떠오르는 순간이 있다. 당신은 이 순간에 완전한 계획과 함께 진정한 힘을 인식하게 될 것이다. 당신의 의식에 계획이 떠오르면 그 가치를 인식하고 감사하는 태도로 받아들여라. 그리고 즉시 그것을 실행하라. 머뭇거리지 말고 논쟁하거나 따지지 마라. 걱정하거나 초조해하지 마라. 그 계획이 옳은 것인지 의문을 품지 마라. 지금 당장 행동으로 옮겨라.

기도와 관련해 좀 더 이야기해 보자. 기도하면서 무언가를 달라고 성가시게 졸라서는 안 된다. 기도를 자신이 받은 축복에 대해 감사를 표현하는 수단으로 삼는다면, 훨씬 더 빠르게 원하는 것을 얻을 것이다. 당신이 바라는 것을 무한한 지성이 그대로 안겨줄 거라는 기대는 하지 마라. 목표를 달성할 계획을 세울 때는 일반적인 규칙에 맞게 세워야 하며 그런 계획을 감사한 태도로 받아들여야 한다. 기적을 찾지 마라. 무한한 지성은 모든 물리적인 수단을 활용해 자연 법칙을 통한 해법을 주는 것을 선호한다.

인류의 최악의 적은 공포다. 무한한 지성은 당신의 삶에서 믿음이라는 형태로 그 모습을 드러낸다. 그런데 당신이 무언가에 대한 공포나 걱정을 조금이라도 마음에 품는다면, 그 믿음의 힘을 온전히 발휘할 수 없다. 그래서 정신적인 목욕을 하는 방법을 배워야 한다. 그 대가가 무엇이든 꼭 그렇게 해야 한다. 그것이 믿음을 갖기 위해 정신을 훈련하는 첫 번째 단계다. 공포를 유발하는 것들을 제거해야 한다. 마음에서 믿음과 공포는 공존할 수 없기 때문이다.

믿음을 정의한다면 '행동으로 믿는 기술'이라고 할 수 있을만큼 행동이 중요한 비결이다. 믿음은 그것을 발휘해 행동하는 경우에만 존재한다. 팔을 사용하지 않으면 팔의 근육을 기를 수 없는 것처럼 단지 말하고 생각만 해서는 믿음을 키울 수 없다.

믿음과 불가분의 관계에 있는 두 단어는 바로 '끈기'와 '행동'이다. 끈질긴 행동으로 명확한 목표를 밀고 나아갈 때 그 결과로 믿음이 생긴다. 강력한 목적과 건전한 동기는 마음에서 의심과 공포 등의 부정적인 생각을 없앤다. 믿음이 작용하게 하려면 그런 부정적인 생각을 제거해야 한다. 당신이 무언가를 열망하고 그것을 열렬히 추구하면 곧 믿음의 안내를 받기 위해 마음이 저절로 열리는 것을 경험하게 될 것이다. 행동하지 않는 믿음은 죽는다.

목숨이 위태로운 절체절명의 상황에 닥치면 개인은 '믿음'으로 표시된 길을 선택할 것인지, '공포'로 표시된 길을 선택할 것인지 갈림길에 직면한다. 대다수는 공포의 길을 선택한다. 그 이유는 선택이 개인의 사고방식에 달려 있기 때문이다. 공포의 길을 선택하는 사람은 자신의 정신을 긍정적으로 만드는 훈련을 하지 않았기 때문에 그런 선택을 한다. 과거에 그런 노력을 해봤지만 실패했던 기억이 있기 때문이다. 하지만 그게 뭐가 문제인가? 에디슨Edison도 실패했다. 헨리 포드Henry Ford, 라이트 형제Wright brothers, 앤드루 카네기Andrew Carnegie 등 미국인의 삶을 개척하는 데 중요한 역할을 한 모든 위대한 리더들도 다 실패를 경험했다. 이들을 포함해 진정으로 위대한 사람들은 내면에서 뿜어져 나오는 빛 덕분에 자신의 일시적인 패배가 무엇인지 정확하게 인식했다. 일시적인 패배는 큰 믿음을 발휘하며 열심히 노력하는 당신이 끈기를 나타낼 것인지 포기할 것인지를 테스트하는 시험대일 뿐이다. 바다에서 퍼 올린 물 한 방울이 여전히 바다의 일부인 것처럼 당신은 무한한 지성이 지닌 우주적 목적의 한 부분임을 인식하라. 그러므로 다음 문장을 반복해서 말해 보자.

"나는 무한한 지성을 온전히 믿고 신뢰한다.
나는 내 목표를 이루어나가고 있다는 사실을 알고 있다."

# 성공의 네 번째 원칙

Philosophy of Success

# 매력적인 성격의 30가지 특징

성격은 한 사람을 다른 사람과 구별시키는 정신적, 영적, 신체적 특성 및 습관의 총체다. 사람들이 어떤 사람을 좋아하고 싫어하고를 판단하는 가장 결정적인 요소가 그 사람의 성격이다.

우리에게 희망적인 소식이 하나 있다. '매력적인 성격의 30가지 특징'은 겸손한 사람이라면 누구든 만들 수 있다는 사실이다. 또한 적절한 노력만 한다면 매력적인 특징을 얻을 수 있으며, 이 일은 그리 어렵지 않다. 지금부터 그 특징들을 살펴보자.

## 1 긍정적인 사고방식

긍정적인 사고방식은 '매력적인 성격의 30가지 특징'과 '삶의 12가지 탁월한 부'의 목록에서 가장 먼저 나온다. 따라서 이 바람직한 특성을 발전시키는 자질이 무엇인지 검토해 보자.

다른 사람에게서 찾아내는 특성은 결국 자기 자신에게 있는 모습이다. 그러니 다른 사람에게서 장점을 찾는 습관을 기르면 우리 자신의 장점도 발전할 수 있다. 한편 걱정은 아무런 가치가 없는 것임을 깨달아야 한다. 걱정에는 두 가지 유형이 있다. 하나는 해결할 수 있는 걱정이고, 다른 하나는 자기가 통제할 수 없고 그 걱정을 해결하기 위해 할 수 있는 게 아무것도 없는 걱정이다. 의식적으로 정신에 긍정적인 생각을 채워서 부정적인 생각이 들어올 공간을 없애면, 우리의 정신에는 긍정적인 의식이 자리를 잡는다. 그러면 모든 문제를 긍정적으로 바라보게 된다. 또, 긍정적인 사고방식을 기르려면 자기 분석을 시작해야 한다. 이때 자신의 결점을 인정하는 용기와 그것을 없애려는 진실한 마음을 바탕으로 엄격한 자기 훈련을 통해 자기 분석을 해야 한다.

## 2 유연한 생각

유연함을 가진 사람은 평정심을 잃지 않고 급변하는 환경에 적응하는 습관이 있다. 긍정적인 사고방식을 유지하는 사람은 유연한 생각을 하는 데 어려움이 없을 것이다. 긍정적인 생각을 하는 사람은 언제나 자기 생각을 통제할 수 있으며, 원하는 목적에 맞게 생각을 자기 의지대로 조정할 수 있기 때문이다.

### 3 진실한 목적

이 특성을 대신할 수 있는 것은 아무것도 없다. 이 특성은 다른 특성보다 인간이라는 존재의 더 깊은 곳과 닿아 있기 때문이다. 진실함은 자기 자신에서 출발하며 매우 뚜렷하게 표출되는 특성이라 누구나 관찰할 수 있는 건전한 특성이다.

먼저 자신에게 진실하라. 가족의 끈으로 묶인 사람들에게 진실하라. 매일 만나는 직장 동료에게 진실하라. 친구와 지인에게 진실하고 당연히 당신의 조국에도 진실하라. 무엇보다 인류가 받은 모든 축복의 수여자에게 진실하라.

### 4 신속한 결정

성공한 사람은 대부분 결정을 신속하게 내린다. 그 사람들은 재빠르게 행동하지 않는 사람을 보면 신경이 거슬린다. 신속한 결정은 자기 훈련을 통해 생겨야 하는 습관이다. 기회를 알아보는 시각을 갖고 그 기회를 포착하려고 필요한 결정을 신속하게 내리는 사람은 성공할 것이고, 그렇지 않은 사람은 성공하지 못할 것이다.

### 5 예의 바른 태도

예의는 직접적인 보상을 기대하지 않고 상대에게 좋은 태도를 나타내는 습관이다. 예의가 있는 사람은 어떤 상황에서도 다른 사람의 감정을 존중하며, 필요하면 언제 어디서든 불우한 이웃을 돕기 위해 최선의 노력을 다한다. 마지막으로 하나 더 언급하면 예의 바른 태도는 이기심, 탐욕, 시기, 증오를 통제한다.

### 6 상냥한 말투

말은 자신의 성격을 가장 많이 드러내는 수단이다. 따라서 말투를 확실하게 통제해서 잘 조정하고 꾸며야 한다. 그래야 입으로 표현한 말에 좋은 느낌을 더해 전달할 수 있다. 목소리는 자신의 깊숙한 자아를 가장 직접적으로 표현하기 때문에 상냥한 말투로 자신을 제대로 보여 주기 위해 세심하게 주의를 기울여야 한다.

### 7 웃는 습관

다른 많은 습관처럼 웃는 습관은 그 사람의 사고방식과 직접적인 관련이 있다. 그리고 그 사람의 본질적인 정신 태도를 거의 완벽하게 드러낸다. 만약 자신의 성격을 바꾸고 싶다면 날마다 거울 앞에 서서 상냥한 목소리와 미소가 잘 어울리게 될 때까지 많은 시간을 할애해 연습해야 한다. 그렇게 시간을 투자해 웃는 연습을 하고 습관으로 만든다면, 그에 대한 큰 보상을 받을 것이다.

## 8 표정

인간에게는 반갑다고 흔들어댈 꼬리가 없다. 대신 근육이 있어서 얼굴의 표정을 자기 의지대로 만들 수 있다. 이 근육은 하나의 목적을 수행한다. 일정한 근육의 배열로 웃는 표정이 만들어지며 웃는 표정의 근육 배열과는 완전히 다른 배열로 찡그리는 표정이 만들어진다. 이 두 표정은 마음에 담긴 감정을 한 치의 오차도 없이 정확하게 전달한다. 그렇기 때문에 웃음과 말투, 표정은 마음에서 무슨 감정이 일어나는지 남들이 보고 느낄 수 있는 열린 창이다.

## 9 재치

적절한 시점에 적절한 말이나 행동을 하는 것을 우리는 재치있다고 말한다. 사람들은 여러 가지 면에서 재치가 부족함을 드러낸다. 아주 흔하게 나타나는 특징은 다음과 같다.

첫째, 말투에 신경을 쓰지 않아 종종 거칠고 화가 난 말투로 말한다. 이는 말하는 사람이 화가 났다거나 부정적인 생각을 하고 있다는 표시다. 둘째, 침묵해야 할 때 경솔하게 말하는 습관이 있다. 셋째, 다른 사람이 말하는 데 끼어든다. 이것이 가장 흔하게 볼 수 있는 무례한 태도이며 교양이 없는 사람의 특징이다. 넷째, 대화중에 '나'라는 표현을 지나치게 많이 사용한다. 다섯째,

누가 요청하지도 않고 특별한 이유도 없는데 나서서 자기 의견을 개진한다. 특히 이런 사람들은 자기가 익숙하지 않은 주제에 대해서도 의견을 낸다. 여섯째, 요청할 권한이 없는데도 우정과 친분을 근거로 부탁을 한다. 일곱째, 싫다는 표현을 아무 거리낌이 없이 한다.

### 10 관대함

관대함은 언제나, 누구에게나, 어떤 주제에 관해서나 열린 마음을 갖는 것이다. 모든 주제에 관해 열린 마음은 매력적인 성격의 중요한 특징 가운데 하나이며, 나아가 '삶의 12가지 탁월한 부' 가운데 하나이기도 하다.

### 11 솔직한 말과 태도

건전한 성격의 소유자는 항상 다른 사람에게 솔직하게 터놓고 말할 용기가 있다. 가끔 이런 솔직함 때문에 불이익을 얻더라도 솔직한 습관을 유지한다. 이로 인한 가장 큰 보상은 깨끗한 양심이다.

### 12 날카로운 유머 감각

유머 감각이 발달하면 다양한 상황에 유연하게 잘 적응하는 데 도움이 된다. 또한 유머 감각은 긴장을 풀어 주며 더 나은 사람이 되게 해 준다. 많은 사람이 자기 자신과 인생을 너무 심각하게 받아들이는 경향이 있는데, 날카로운 유머 감각이 있으면 그런 태도를 피할 수 있다.

### 13 무한한 지성에 대한 믿음

의심이 또 다른 의심을 부르는 것과 달리 무한한 지성에 대한 믿음은 다른 것들에 대한 믿음도 고무시킨다. 믿음은 우리의 뇌가 우주적 생각의 힘에 자유롭게 접근하는 주요 통로다. 인간이 이룬 성취의 특성이나 근원이 무엇이든, 모든 위대한 성공의 본질은 믿음이라는 무형의 힘이다. 그렇기에 믿음은 개인적인 성공 철학의 모든 원칙에 기본적인 바탕이 되어야 한다.

### 14 공정함에 대한 예리한 감각

여기서 말하는 공정함은 의식적인 정직함을 말한다. 이 의식적인 정직함을 철저하게 고수하면 어떤 상황에서도 공정함이 동기가 되어 움직일 것이다.

### 15 적절한 언어 사용

우리가 사용하는 단어들은 말의 다양한 뉘앙스를 모두 담아낸다. 그래서 다른 사람의 감정을 상하게 하는 말을 습관적으로 사용하는 것은 피해야 한다. 그리고 어떤 상황에서도 욕을 하는 것은 절대 용납되지 않는다.

### 16 감정 조절

감정을 조절하는 능력은 '삶의 12가지 탁월한 부'의 특성 중 하나인 자기 훈련을 통해 얻을 수 있다. 감정 조절은 매력적인 성격이 빛을 발하는 데 필수적이다. 통제해야 하는 감정 중 부정적인 감정은 공포, 증오, 분노, 시기심, 탐욕, 질투, 복수심, 짜증, 미신을 믿는 생각이다. 반대로 발전시켜야 하는 감정은 사랑, 성욕, 믿음, 희망, 열망, 충성심, 동정심, 낙천주의다.

### 17 면밀한 관심

누군가의 개인적인 관심사에 주의를 집중하는 것보다 더 큰 존경의 표현은 없다. 다른 사람이 말하고 있을 때는 유창한 달변가가 되기보다 귀를 기울이는 경청자가 되는 게 더욱 중요하다.

### 18 효과적인 연설

우리는 개인적인 성공이라는 높은 고지에 오른 사람을 찾기 위해 주의 깊게 관찰하기만 하면 된다. 그들은 인상적인 연설을 통해 자신과 자기 아이디어를 선보이는 능력이 있기 때문이다. 효과적인 연설에서 가장 중요한 요소는 말하는 주제에 대한 철저한 지식이다. 효과적인 연설의 규칙 중 가장 중요한 규칙을 다음의 간단한 문장으로 말할 수 있다. '말하고자 하는 내용을 완벽하게 숙지하라. 감정을 자유자재로 표현하며 말하라. 그다음 자리에 앉아라.'

### 19 다재다능

인기가 높은 사람들일수록 매우 다재다능하다. 그들은 많은 주제와 관련해 광범위한 지식을 갖고 있다. 또한 다른 사람과 그들의 생각에 관심을 둔다. 그리고 그러한 자신의 관심이 적절한 호응을 얻으면 최선의 노력을 다해 상대에게 관심을 표현한다.

### 20 사람에 대한 애정

사람들을 싫어하는 사람은 당연히 다른 사람들도 그 사람을 싫어한다. 텔레파시를 통해 일정 범위 내에서 모든 정신은 다른 정신과 교감한다. 매력적인 성격을 발전시키려는 사람은 자신의 말과 행동뿐만 아니라 생각까지 항상 통제해야 한다.

### 21 쉽게 화내지 않는 성질

아무 때나 화를 잘 터뜨리는 사람은 틀림없이 그 화가 자신에게 되돌아와 큰 피해를 보게 된다. 화를 억제하지 못해 생기는 가장 심각한 피해는 아마 혀를 제어하지 못할 때 생길 것이다. 인간이 활용할 수 있는 가장 강력한 힘 중 하나는 통제된 감정이다.

### 22 희망과 야망

성공에 대한 희망과 야망이 없는 사람은 다른 사람에게 피해를 주지는 않지만, 절대로 사람들의 호감을 사지는 못한다. 행동으로, 또는 아무런 행동을 하지 않음으로써 이 세상에서 성공할 희망을 버렸다는 점을 확실하게 보여 주는 사람에게 관심을 둘 사람은 아무도 없다.

### 23 절제

습관을 통제하지 못하고 습관을 관리하기 위한 자기 훈련을 하지 않은 사람은 결코 매력적이지 않다. 이는 특히 먹고 마시는 습관과 성관계에 적용된다. 이런 것을 지나치게 추구하면 개인적인 매력이 사라진다.

### 24 인내

오늘날은 모든 게 빨리 움직이고 급변하는 세상이다. 생각과 행동의 속도가 너무 빨라 사람들이 서로의 길을 방해하는 일이 잦다. 그러니 인간관계에서 마찰이라는 파괴적인 결과를 피하려면 인내가 필요하다.

### 25 겸손한 마음

신과 자신의 관계를 이해하는 사람은 겸손이라는 부산물을 얻는다. 자신의 물질적 축복이 인류의 유익을 위해 신이 준 선물이라는 점을 인식할 때도 겸손해진다. 선한 양심을 유지하고 신과 좋은 관계를 맺는 사람은 물질적 자산을 얼마나 쌓던 어떤 성공을 이루던 언제나 겸손하다.

### 26 적절한 옷차림

'베스트 드레서best dresser'는 옷과 액세서리를 신중하게 선택하고 자신의 전체적인 모습을 조화롭게 꾸미는 사람이다. 그런 사람은 자신의 옷차림으로 지나친 주의를 끌지 않으며, 항상 상황에 어울리는 옷차림을 한다.

### 27 효과적인 쇼맨십

매력적인 성격의 다양한 특성들을 두루 겸비해야만 효과적인 쇼맨십을 발휘할 수 있다. 이를테면 밝은 표정, 말투 조절, 적절한 외모, 적당한 어휘 선택, 감정 조절, 예의 바름, 효과적인 연설, 다재다능함, 긍정적인 사고방식, 날카로운 유머 감각, 다른 사람에 대한 예리한 관심, 재치 등을 지녀야 쇼맨십을 효과적으로 발휘할 수 있다.

### 28 정정당당한 스포츠맨십

정정당당한 스포츠맨십은 매력적인 성격의 중요한 특성이다. 이런 특성이 사람들의 우호적인 협력을 끌어낸다. 정정당당한 스포츠맨십은 건전한 성격을 나타내기 때문에 더 이상의 보증은 필요 없다.

### 29 올바른 태도로 악수

많은 사람은 악수가 매력적인 성격과 관련 있다는 생각을 잘 하지 못한다. 하지만 악수는 매력적인 성격과 아주 중요한 관련이 있다. 올바른 태도로 악수하는 사람은 악수하면서 인사말을 덧붙인다. 보통 상대의 손을 꼭 잡고(힘주어 꽉 잡는 것과는 다르다) 또박또박 말을 하며 인사말이 끝나기 전에는 손을 놓지 않는다.

### 30 개인적 매력

'개인적 매력'이 성적 끌림을 아주 정중하게 표현하는 방식임을 솔직하게 인정하자. 개인적 매력은 바로 성적 끌림이다. 성욕은 모든 창의적 시각 배후에 있는 힘이며 생명이 있는 모든 종이 영속하는 수단이다. 성욕은 상상력과 열정, 자기 주도성을 발휘하도록 고무한다. 어떤 소명을 이루는 일에서든 지금까지 탄생한 위대한 리더는 모두 어느 정도는 성욕의 창의적 힘으로 추진력을 얻었다.

개인의 성격은 자신에게 가장 위대한 자산이자 가장 막중한 책임이다. 성격은 자신이 통제할 수 있는 마음과 신체, 정신을 포괄적으로 나타내기 때문이다. 성격은 그 사람 자체다. 성격을 바탕으로 그 사람의 생각과 행동, 인간관계가 형성된다. 성격은 그 사람이 세상에서 차지하는 영역의 경계를 설정한다.

모두에게 따뜻함과 애정, 우정을 발산하며 그들을 다정한 친구로 대하는 자신의 모습을 머릿속으로 그려 보라. 당신은 그들과 그들의 행복에 진정으로 관심이 있다. 이제 다음 문장을 반복해서 말해 보자.

"나는 사람들을 좋아한다.
나는 모든 사람에게 따뜻함과 우정을 발산한다."

# 성공의 다섯 번째 원칙

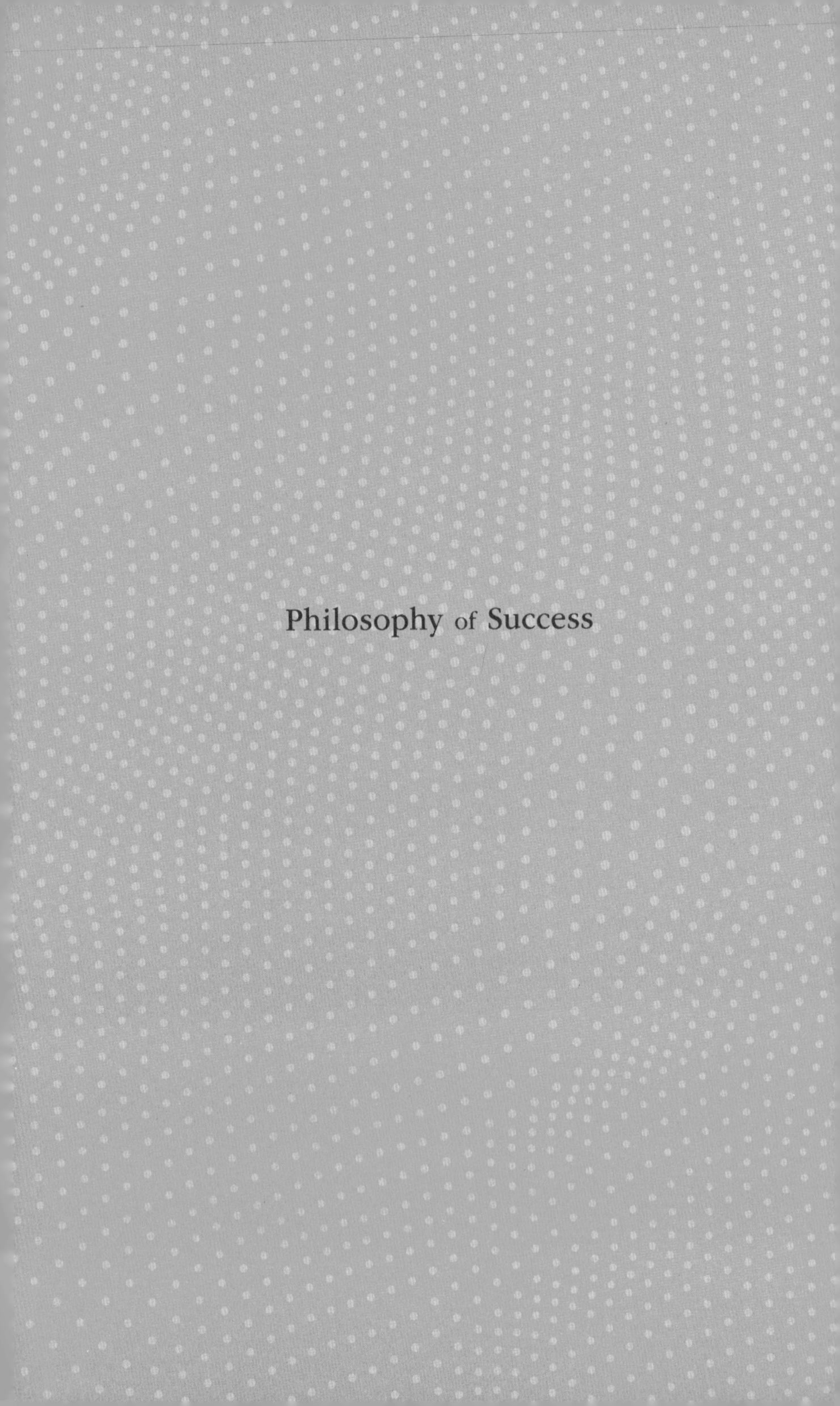

Philosophy of Success

## 한층 더 노력하기

만약 당신이 이번 장의 내용을 완벽하게 공부하고 여기서 배운 법칙을 익힐 수 있다면, 또 현재 당신이 받는 대가보다 더 많은 노력을 더 열심히 제공할 수 있다면, 앞으로 당신은 다음의 확실한 방법으로 보상을 받을 것이다.

**1** 머지않아 당신은 당신이 쏟은 노력의 실제 가치를 훨씬 초과하는 보상을 받을 것이다.

**2** 이러한 물질적 이득에 더해 당신은 자신의 강점을 다양한 방법으로 나타낼 것이다.

**3** 언제나 긍정적인 사고방식을 유지하는 게 쉽다는 것을 알게 될 것이다.

**4** 용기와 자기 신뢰에 대한 확신이 새로워지고 더 강해지면서 황홀함을 느낄 것이다. 자기 주도성이 자발적인 힘을 얻어 당신의 온몸을 휩쓸 것이며 불타는 열정이 마음속에 강력하게 밀려들 것이다.

**5** 마지막으로 당신을 찾는 영원한 시장이 있음을 알게 될 것이다. 당신의 명성 덕분에 당신은 일터를 잃지 않을 것이다.

여기서 이 책이 당신에게 무언가 중요한 명령을 하는 것처럼 들릴 수 있다. 실제로 지금 중요한 명령을 하는 중이다. 하지만 한층 더 노력하라는 전략적 원칙의 배후에는 강력한 힘이 있다. 그 힘으로 당신은 그 명령을 수행할 수 있으며, 추가적인 수단도 찾을 수 있다. 또한 이 원칙은 기독교 시대가 등장하기 수백 년 전부터 관찰과 논평의 대상이었다. 이 원칙을 가장 고전적으로 표현한 내용은 랄프 왈도 에머슨Ralph Waldo Emerson의 〈보상Compensation〉이라는 에세이에 나온다.

한층 더 노력하라는 원칙을 지키는 데는 다소 미묘하지만 강력한 '무언가'가 있다. 우리는 그 무언가를 직감적으로 알아차려야 한다. 한층 더 노력하는 태도를 얼마나 유지할 수 있는지가 위에서 약속된 보상을 얻느냐 마느냐를 결정한다. 한층 더 노력하는 태도를 유지하기 위해서는 사람들이 당신에게 무언가를 하라고 말할 때까지 기다리지 말아야 한다. 물론 처음에는 쉽지 않을 것이다. 그렇게 하는 데는 많은 에너지가 들기 때문이다. 우리는 자신에게 이렇게 말해야 한다.

'그냥 뛰어들어서 해!'

사람들을 위해 긍정적인 태도로 무언가를 먼저 해 줘라. 그러면 그들은 당신에게 신세를 졌다고 생각한다. 그래서 당신에게 되갚아야 한다는 의무감을 느낀다. 당신이 무언가를 먼저 더 주지 않으면 사람들은 당신을 의심하고, 싫어하고, 자기도 똑같이 먼저 주지 않아도 된다는 구실을 만든다.

이 논의를 시작하는 최상의 출발점은 자연이다. 자연은 모든 생명체가 한층 더 노력하라는 원칙을 따르게 만든다. 이를 따르지 않는 종은 멸종되고 만다. 단 인간은 예외다. 모든 생명체 중 인간만이 법칙을 어겨 고통스러운 결과를 감내할 것인지, 법칙에 복종해 보상을 얻을 것인지 선택할 권리가 있다.

대자연은 항상 자기가 하는 모든 일에서 한층 더 노력한다. 자연이 만든 환경은 각 종이 겨우 생존만 할 수 있을 정도로 인색하지 않다. 자연은 생명체의 각 종이 영속할 수 있도록 언제든 일어나는 비상사태에 대비해 충분한 먹이와 은신처를 지나칠 정도로 많이 만들어 놓았다.

봄마다 과일나무에 피는 꽃을 보라. 자연은 바람과 폭우, 갑작스러운 서리가 많은 꽃을 떨어뜨릴 수 있다는 것을 고려해 그런 기후에도 꽃이 남아 있을 수 있도록 충분한 꽃을 만들어 과일을 수확할 수 있게 한다. 또한 자연은 꿀벌을 유인할 꽃들을 풍성하게 만듦으로 한층 더 노력한다. 그리고 꿀벌은 보상을 얻기 전에 꽃을 날아다니며 열심히 수분을 함으로 한층 더 노력한다. 그 결과 과일이 생산되고 벌이 영속한다.

여기에는 두 가지 중요한 법칙이 있다. 이 법칙이 다루는 내용은 당신의 삶과 당신이 익숙해질 상황이기에 매우 중요하다. 한 가지는 '보상의 법칙'이며 또 한 가지는 '수확 체증의 법칙'이다. 인류는 이 두 가지 법칙에 의존해 삶을 영위한다. 농부가 이 법칙을 따르지 않으면 인류는 식량을 얻지 못하기 때문이다.

농부를 생각해 보자. 농부가 의식하든 그렇지 않든 어떻게 이 두 가지 법칙에 더해 한층 더 노력하라는 법칙을 반드시 준수하게 되는지 살펴 보자. 우선 농부는 나무와 관목을 심을 땅을 정비해야 한다. 그다음 쟁기질하고 써레질하고 필요한 곳에 비료를 주어야 한다. 이렇게 한 다음에 씨를 심는다. 농부는 자신의 노동력과 지력을 모두 활용해 적절한 계절에 씨앗을 심고 관개 시설을 마련하고 재배 기술을 습득해 올바른 방법으로 작물을 재배한다. 농부가 자신의 노동력을 지혜롭게 사용하면 자연은 보상의 법칙에 따라 그에게 보상한다. 자연은 어떤 생명체든 아무런 노력 없이 무언가를 얻도록 허락하지 않으며 모든 형태의 노동은 반드시 보상한다. 이 법칙에 따라 땅에 심은 씨앗이 다시 씨앗을 만드는 게 보장된다. 하지만 단지 씨앗만 다시 얻는 것으로는 그 과정에서 얻을 수 있는 게 없다. 씨앗은 인간이나 동물을 위한 식량이 될 수 없다.

하지만 또 다른 법칙이 동시에 작동한다. 우리는 그것을 '수확체증의 법칙'이라고 부른다. 생산되는 결과물이 증가하기 때문이다. 자연은 농부가 땅에 심은 씨앗을 돌려주는 것에서 그치지 않는다. 거기에 더해 농부가 먼저 받은 것보다 노력한 것에 대한 보상으로 씨앗보다 훨씬 더 많은 양의 곡식을 추가로 안겨 준다.

어디에서든 어떤 사물에서든 작용 반작용의 법칙이 일어나는 걸 볼 수 있다. 자연은 언제나 균형을 이루는 계획을 세운다. 그래서 모든 것에는 그에 상응하는 반대 작용이 있다. 이를테면 모든 에너지에 존재하는 양과 음, 낮과 밤, 열기와 냉기, 여름과 겨울, 선과 악, 위와 아래, 성공과 실패, 달콤함과 씁쓸함, 행복과 불행 같은 것들이다. 시계추도 한쪽 끝에 이르면 반대쪽으로 똑같은 거리만큼 되돌아간다.

이는 인간관계와 개인적인 노력에도 똑같이 적용된다. 사람은 무엇을 심든지 그대로 거둘 것이다. 자신이 뿌린 씨앗이 어떤 씨앗인지 매우 중요하다는 사실을 기억해야 한다. 어떤 씨앗이든 그 종류대로 수확하게 되기 때문이다.

1장 '명확한 목표 설정'에서 설명했듯이 인간은 생각의 힘에 대해서만 유일하게 절대적인 통제권을 행사한다. 이는 곧 정신이 인간의 가장 귀중한 자산임을 가리킨다. 이 신성한 선물을 잘 활용할 때 인간은 무한한 지성에 저절로 닿는 길을 찾는 것이며, 그때 온 우주의 힘이 자신의 계획과 목적을 돕게 만들 수 있다.

이 엄청난 사상은 잠시 뒤로 하고 이번 장에서 설명하는 법칙을 삶에 적용할 때 얻게 될 더 유용하고 중요한 특혜 몇 가지를 알아보자. 이런 항목들은 우리가 한층 더 노력해야 하는 이유를 보여주는 목록이라고 생각해도 좋다.

**1** 한층 더 노력하는 태도로 수확 체증의 법칙을 활용한다. 이 말은 당신이 쏟는 노력의 질과 양이 엄청나게 늘어난 형태로 당신에게 되돌아온다는 뜻이다. 농부가 씨앗을 심고 씨앗보다 더 많은 양의 밀을 얻는다는 이야기만 생각해 봐도 알 수 있다. 예를 들어 당신이 약 100달러 가치의 노력을 한다고 하자. 올바른 정신 태도로 노동력과 정신력을 발휘한다면 당신이 받게 될 보상은 100달러에

서 그치지 않는다. 그 10배의 가치로 보상을 받게 될 것이다. 때때로 수확 체증의 법칙이 물질적인 이득으로 돌아오지 않을 수도 있다. 그런 경우에는 승진을 통한 출세라든가 새로운 친구들을 얻는 일처럼 새로운 기회가 늘어나는 형태로 보상을 받을 수 있다.

짐작했겠지만 한층 더 노력하라는 법칙은 그 반대로도 똑같이 적용된다. 한층 더 노력하지 않거나 아예 노력할 생각도 안 한다면, 또는 보상을 당장 얻으려고 다소 부정적인 태도로 노력을 한다면 수확 체감의 법칙이 작동할 가능성이 있다. 그렇게 마지못해 노력하면 그 노력의 가치보다 훨씬 더 적은 가치를 되돌려 받거나 어쩌면 전혀 보상을 받지 못할 수 있다.

**2** 받는 대가보다 더 많이 노력하는 습관은 보상의 법칙에 따라 당신에게 이익을 안겨 준다.

어떤 활동이나 행위는 그것에 상응하는 반작용이 나타나기 때문이다. 당신이 노력해서 훌륭한 결과를 얻으려면 이 법칙을 언제나 긍정적인 방식으로 적용하는 습관을 만들어야 한다. 능력이 되는 대로 최대한의 노력을 해야 하며, 그런 노력을 우호적이고 긍정적인 방식으로 해야 한다. 받는 것보다 더 많이 주라는 법칙을 적용하면 고용인뿐만 아니라 고용주도 유익하다. 고용인에게 마땅히 주어야 할 임금의 일부를 주지 않는 고용주는 어리석은 행동을 하는 것이다. 고용인이 자신이 받는 임금보다 더 적게 일을 할 테니 말이다.

사람들이 대부분 간과하는 중요한 점이 있다. 우리는 자신이 받는 보상보다 더 많은 노력을 시작하기도 전에 이미 자신이 하는 것만큼의 보상을 온전히 받고 있다. 안타까운 사실은 98퍼센트의 임금 노동자가 임금을 받으려고 일하는 것 말고는 특별한 목표가 없다는 것이다. 그들은 원대하고 명확한 목표를 세우지 않는다. 그래서 그들이 얼마나 열심히 일하고 얼마나 일을 잘 하는 것과 상관없이 운명의 수레바퀴는 근근이 먹고살 정도의 것 이상을 주지 않고 그냥 지나친다. 그들이 더 많은 것을 기대하지도, 요구하지도 않기 때문이다.

**3** 받는 대가보다 더 많이 노력하는 습관이 있으면, 기회를 제공할 수 있는 사람들의 우호적인 관심을 얻는다. 이 습관을 기르거나 유지하지 않고 더 많은 월급과 권한을 받는 자리로 올라간 사람을 나는 본 적이 없다.

**4** 이 습관은 다양한 인간관계에서 당신을 없어서는 안 될 존재로 만들어 준다. 그래서 노력에 대한 보상을 평균 이상으로 받게 해 준다. '없어서는 안 된다'는 말의 의미는 어떤 사람이나 사물 없이

는 무언가를 썩 잘 해낼 수 없다는 뜻이다. 이런 사람은 자신을 매우 유능한 존재로 만들어서 대체불가의 존재가 될 가능성이 높다.

**5** 다양한 노력의 형태에 따라 정신적 성장이나 신체적 완벽함에 이르게 한다. 그로 인해 당신이 선택한 직업에서 더욱 훌륭한 능력과 기술을 발전시킬 수 있다.

**6** 실직의 위험에서 당신을 보호해 준다. 이 습관을 잘 연마하면 직장과 근무환경을 직접 선택할 수 있는 위치에 오르며, 그에 더해 앞에서 언급한 대로 자신을 홍보할 기회를 얻는다.

**7** 한층 더 노력하면 스포트라이트가 당신에게 옮겨가 대비의 법칙 노력하지 않는 사람과 대비되어 당신이 저절로 돋보이게 된다의 혜택을 안겨준다. 이는 자신을 광고하는 일로 대단히 중요하다.

**8** 당장 받는 대가보다 더 많은 일을 하면 긍정적이고 유쾌한 태도를 기를 수 있다. 이는 매력적인 성격의 가장 중요한 특성이다. 당신이 이 법칙을 따르면 거의 모든 사람을 당신이 원하는 대로 행동하게 만들 수 있다.

**9** 당장 받는 대가보다 더 열심히 더 많이 노력하는 습관은 자기 주도성을 발전시킨다. 자기 주도성이 없는 사람은 그저 그런 위치 이상으로 올라가지 못하며 경제적 자유를 얻지 못할 수 있다. 자기 주도성은 누군가로부터 어떤 일을 하라는 말을 듣지 않아도 해야 할 일을 하는 것을 말한다.

**10** 한층 더 노력하는 태도는 자신에 대해 더 강한 자신감을 심어 준다. 그러면 당신은 떳떳한 양심으로 더욱 당당해질 것이다. 집에 전신 거울이 있다면 그 앞으로 다가가 거울 속에 있는 사람과 친해지는 게 좋을 것이다. 당신의 계획과 목표를 그 사람에게 알려 주어라. 그 사람의 협조를 구하라. 올바른 정신과 태도로 한층 더 노력하라는 중요한 전략을 어떻게 적용하기로 했는지 거울 속 그 사람에게 설명하라.

**11** 한층 더 노력하는 습관을 기르면 미루는 태도인 파괴적인 습관을 극복할 수 있다. 한층 더 노력하는 습관이 있으면 일을 완수하고자 하는 열망이 무척 커져서 자신이 하는 일과 그 일의 대상이 되는 사람을 사랑하는 방법을 배우게 된다. 그러면 곧 '미루는 습관이라는 쇠약한 노인'은 굶어 죽는다.

12 한층 더 노력하는 습관은 명확한 목표를 세우게 돕는다. 명확한 목표 없이는 누구도 성공을 바랄 수 없다. 당신은 동기부여가 되어 움직이고 말하고 행동하기 때문에 한층 더 노력하는 습관은 명확한 목표를 세워 준다.

13 이 습관은 당신에게 승진과 연봉 인상을 요구할 권리를 준다. 당신이 임금을 받는 만큼만 일하면 더 나은 보상을 기대할 논리적 근거가 없다. 직장을 잃지 않으려면 임금을 받는 만큼의 일은 해야 한다. 당신에게는 상대의 호의를 축적하는 수단으로 한층 더 노력할 특권이 있다. 그렇게 하면 당신은 더 높은 연봉과 지위를 얻을 자격이 생긴다.

14 누군가의 허락을 구하지 않고도 자기가 주도적으로 한층 더 노력하는 습관을 기르고 유지하는 게 좋다. 이 철학의 유일한 다음 공식에 주의를 집중하기 바란다.

$$Q+Q+MA=C$$

'노력의 질Quality'과 '노력의 양Quantity'과 '사고방식Mental Attitude'을 더하면 그 값은 세상에서 얻게 되는 '보상Compensation'이라는 공식이다. 이 보상은 동료 마음에서 당신이 차지하는 비중이기도 하다. 여기서 '보상'이라는 말은 당신이 인생에서 얻는 것 모두를 뜻한다. 그것은 돈이나 기쁨, 행복, 조화로운 인간관계, 영적 깨달음, 마음의 평화, 긍정적인 사고방식, 믿음의 능력, 축복을 다른 사람과 나누는 능력과 열망, 열린 마음, 모든 주제의 진실에 대한 수용적인 태도, 관대함, 공정함, 그 밖에 자신이 추구하는 훌륭하고 칭찬할 만한 태도 및 특성일 수 있다.

한층 더 노력하는 습관으로 보상을 얻는다는 이 보상의 법칙은 간혹 너무 더디게 진행되는 것처럼 보인다. 혹은 보상이 완전히 엉뚱한 데서 나오기도 한다. 하지만 낮이 지나면 밤이 오는 것처럼 보상을 얻는다는 사실은 분명하다.

강력하고 적극적이고 믿을 수 있는 리더가 된 자신의 모습을 머릿속에 그려 보라. 리더 중 리더로 자신의 몫보다 더 많은 일을 기쁘게 하는 사람, 언제나 도우려는 열망이 가득한 사람으로 자신의 모습을 상상하라. 다음 문장을 여러 번 반복해서 말해 보자.

"나는 아무런 보상을 받지 못해도
사람들을 도울 기회가 생기면 적극적이고 기쁘게 뛰어든다."

# 성공의 여섯 번째 원칙

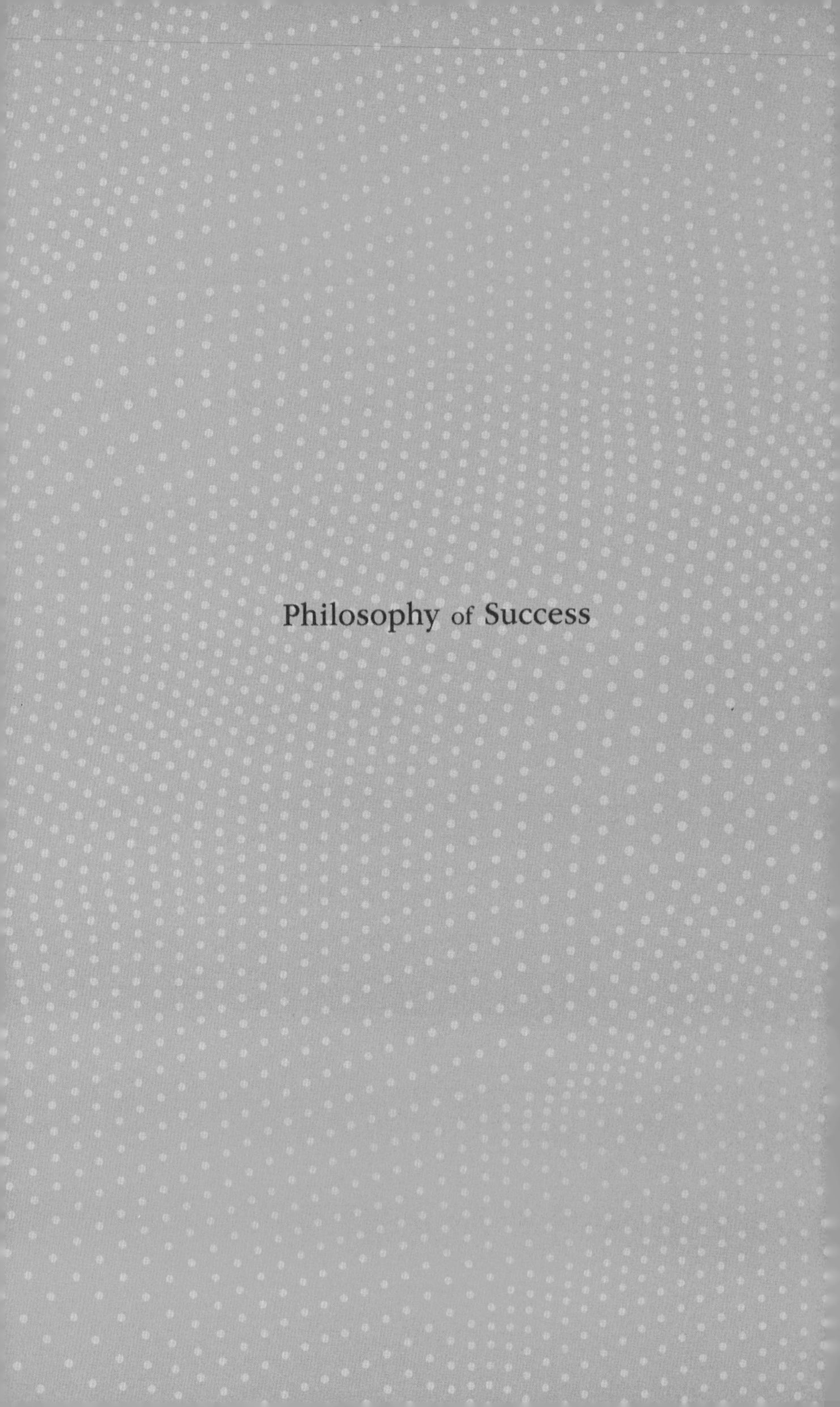

# Philosophy of Success

## 자기 주도성

앤드루 카네기는 이렇게 말했다.

"어떤 성취도 이루어내지 못하는 두 종류의 사람이 있다. 한 종류는 다른 사람이 하라고 한 것 말고는 아무것도 안 하는 사람이고, 또 한 종류는 다른 사람이 하라고 한 것 이상의 일은 절대로 안 하는 사람이다. 성공하는 사람은 하라는 말을 듣지 않아도 해야 할 일을 한다. 거기서 그치지 않고 한층 더 노력해서 사람들이 자신에게 기대하거나 요구하는 일 이상으로 훨씬 더 많은 일을 한다."

자기 주도성은 '셀프스타터self-starter, 자동차의 엔진을 시동하게 하는 전동기'가 자동차의 엔진을 켜는 것과 똑같은 역할을 한다. 그것은 모든 행동을 촉발하는 힘이다. 나아가 시작한 일을 완수하도록 추진력을 주는 힘이다.

어떤 일을 시작하는 사람은 많지만 시작한 일을 끝내는 사람은 극히 드물다. 자기 주도성은 마치 발전기와 같은 역할을 해서 명확한 목표를 물리적이나 재정적인 형태로 변환시킨다. 그렇게 해서 상상력을 행동으로 옮긴다. 작은 목표들뿐만 아니라 주요 목표를 세우게 만드는 특성이 바로 자기 주도성이다.

자기 주도성은 자신이 발전할 유리한 기회를 포착하게 하며 그 기회를 잡아 최대한 활용하도록 영감을 준다. 자기 주도성이 있는 사람은 자신의 많은 결점을 발견하고 그것을 바로잡는다. 또한 지식과 새로운 아이디어, 더 나은 방법에 대해 채워지지 않는 갈증을 느낀다. 자기 주도성은 한층 더 노력하라는 원칙과 쌍둥이 형제다. 그것은 미국독립선언서 작성의 밑거름이 되었고, 오늘날 우리가 누리는 자유에 중요한 역할을 했다. 자기 주도성 덕분에 우리는 자유로운 기업 활동이라는 시스템을 얻었다. 이 시스템의 가장 탁월한 특성은 모두에게 주도적으로 행동할 권리를 주고 그렇게 하도록 고무하는 것이다.

자기 주도성은 모든 성공한 리더의 두드러진 특성이다. 이것은 성공한 리더가 지녀야 하는 특성 목록 중 1순위다. 이 리더십의 특성을 효과적으로 발휘하려면 먼저 체계적이고 명확한 계획을 세워야 한다. 그리고 명확한 동기가 있어야 하며 목표한 바를 끝까지 완수해야 한다.

리더십에서 나타난 자기 주도성의 사례는 헨리 카이저Henry J. Kaiser에게서 찾아볼 수 있다. 그는 제2차 세계 대전 중에 빠르고 효율적으로 선박을 제작해 내어 전 산업계를 놀라게 했다. 카이저는 선박을 제작해 본 경험이 없었기 때문에 그의 업적은 더욱 놀라운 일이었다. 그의 성공 비결은 리더십에 있었다.

이처럼 자기 주도성은 개인적 성공의 중요한 4가지 원칙을 적용하는 데 꼭 필요하다.

- 명확한 주요 목표 : 자기 주도성은 명확한 주요 목표를 달성하기 위한 구체적인 행동 계획을 끝까지 수행하도록 만든다.

- 한층 더 노력하는 습관 : 자기 주도성은 한층 더 노력하는 습관에 활력을 준다.

- 마스터 마인드 연합 : 자기 주도성은 마스터 마인드 연합을 결성하도록 영감을 준다.

- 행동하는 믿음 : 자기 주도성은 행동하는 믿음을 통해 무한한 지성의 안내를 따를 수 있도록 정신을 맑게 해 준다.

이 4가지 원칙에서 자기 주도성이 빠지면 아무런 가치가 없다.

다음 장에서 언급하겠지만 실패의 가장 흔한 원인은 명확한 주요 목적 없이 인생을 표류하는 습관이다. 자기 주도성이 있는 사람은 표류하지 않는다. 그들은 미루는 버릇이 없다. 그들은 기회가 없다며 불평하지 않고 그 대신 책임감을 갖고 앞으로 나아가며 스스로 기회를 만든다. 성공한 사람이면 누구든 골라 그 사람의 기록을 검토해 보라. 그 사람은 가장 먼저 명확한 주요 목표를 세웠고 자기 주도성을 발휘해 그 일을 끝까지 해냈다는 점을 알게 될 것이다.

이런 점들을 숙고해 보면 내가 말하는 '성공 원칙 17가지'가 어떤 식으로, 그리고 어떤 이유로 사슬의 고리처럼 서로 연결되어 있는지 이해할 수 있다. 또한 그 원칙 중 하나만 단독으로 적용하는 게 아니라 17가지 원칙을 모두 적용해야 성공을 이룰 수 있음을 알게 된다.

위대한 철학자는 "누군가가 필요한 모든 것은 굽은 길로 오든 똑바른 길로 오든 그 사람에게 도달한다. 단 그 사람이 그것을 사용할 준비가 안 되었다면, 그것은 그에게 이르지 않는다."라고 말했다. 앤드루 카네기는 철강 산업에 뛰어들 결심을 했을 때 자본을 운용할 준비가 되어 있었다. 그렇게 준비를 갖출 수 있었던 이유는 자본을 수익성 있게 운용하기로 정신을 훈련했기 때문이다. 모두가 자금이 필요한 것처럼 카네기도 수익을 내기 오래전부터 자금이 필요했을 것이다. 하지만 돈이 필요하다는 것이 곧 수익을 올릴 준비가 되었다는 뜻은 아니다. 이 차이를 잘 구별하라. 그 차이가 바로 인생이라는 강의 실패 쪽에서 성공 쪽으로 건너가게 하는 요소들이기 때문이다. '성공 원칙 17가지'를 적절히 혼합해서 사용해야 실패에서 성공으로 자리를 옮길 수 있다. 그리고 목표의 특성에 따라 17가지 원칙 중 최대한 활용해야 하는 원칙이 달라질 것이다.

내가 당신을 지루하게 할 수도 있지만, 이 진리를 반복해서 말하는 데는 다 이유가 있다. 이 진리를 이해하지 못하면 성공을 이루는 데 치명적인 해를 입기 때문이다. 사람은 본능적으로 성공을 이루는 기적 같은 공식을 여기저기서 찾지만 성공의 원칙은 의외로 단순하고 이해하기 쉽다. 그래서 이 책에서 반복적으로 말하는 것이다. 그리고 어떤 진리라도 한 번 들어서는 마음속 깊이 새기지 못하는 게 사람의 특성이라 반복적으로 말할 수밖에 없다.

이는 예수 그리스도가 증명한 점이다. 불치병에 걸렸다는 생각에 고통을 받는 한 부유한 남자가 예수를 찾았다. 예수는 "요단강에 가서 몸을 7번 씻어라. 그러면 너는 깨끗해질 것이다."라고 말했다. 부유한 남자는 그 말을 귀담아듣지 않았다. 그는 기적의 치료법을 찾고 있었다. 요단강의 더러운 물에 몸을 씻는 것처럼 단순한 행동 말고 더 극적이고 인상적인 방법을 원했던 것이다. 하지만 예수는 모든 치료는 마음을 다스려 치료법을 받아들이는 데서 시작한다는 것을 알고 있었다. 그리고 이는 신체를 치료하는 것과 마찬가지로 빈곤의 병을 치료하는 데도 똑같이 적용된다.

사람들에게 필요한 것은 그가 그것을 사용할 준비가 되었을 때 그에게 이른다. 나사렛 시대에 이 원칙은 유효했다. 오늘날도 마찬가지다. 세대가 아무리 변하든 원칙은 달라지지 않기 때문이다. 게다가 진리는 삶의 상황과 상관없이 언제나 적용되며 진리를 이해하고 적용하고 활용하는 정도에 따라 그 값이 매겨진다. 이 값에 다른 요소는 영향을 미치지 않는다.

인생이라는 강에서 부정적인 쪽을 벗어나고 싶다면 지금 당장 긍정적인 쪽으로 건너와라. 자기 주도성을 갖고 움직여야 한다. 당신을 위해 대신 움직여 줄 사람은 없기 때문이다. 지금 서 있는 곳에서 당장 시작하라. 명확한 주요 목표를 설정하고, 목표를 달성하기 위한 계획을 세우며 그 계획을 끝까지 수행하자. 처음 계획이 효과적이지 않다면 다른 계획으로 수정해도 괜찮다. 하지만 목표를 바꿔서는 안 된다. 목표를 이루는 데 필요한 모든 자원을 얻지 못할 수는 있지만 그래도 희망이 있다. 지금 가지고 있는 자원을 최대한 활용하면서 더 나은 자원을 받아 사용할 준비를 해라. 그러면 다양하고 더 나은 자원이 당신에게 이르게 될 것이다.

필요한 것을 받아들이기 위해 정신적인 준비를 하면 자석이 철 가루를 끌어당기듯 필요한 것을 끌어당기게 된다. 필요한 것을 끌어당기기 위해 정신을 훈련하는 것보다 자기 주도성을 발휘하는 더 좋은 기회가 어디 있겠는가? 어떤 일이든 가장 어려운 것은 시작이다. 하지만 일단 시작하면 그 일을 해낼 방법들이 저절로 나타난다. 이는 명확한 주요 목표를 지닌 사람들이 그렇지 않은 사람보다 더 성공했다는 사실만 보아도 알 수 있다. 명확한 목표 설정이 인생의 중요한 전환점이었다는 사실을 진심으로 인정하지 않으면서 성공한 사람을 나는 아직 본적이 없다.

누구도 다른 사람에게 인생의 명확한 주요 목표를 정해줄 수 없다. 하지만 성공한 사람이라면 누구든 명확한 목표 없이는 성공이 불가능하다는 사실을 입증할 수 있을 것이다. 명확한 주요 목표를 설정하라. 자기 주도성을 갖고 앞으로 나아가는 습관이 얼마나 신속하게 목표 달성을 위한 행동을 하게 만드는지 지켜 보자. 당신의 상상력은 더욱 기민하게 발휘되어 목표를 이루어 주는 무수한 기회를 당신 앞에 보여 줄 것이다. 목표의 방해물은 사라지며 주변 사람들은 우호적으로 협력한다. 공포와 의심도 사라진다. 그러다가 어느 순간에 당신은 당신의 다른 자아와 만나게 될 것이다. 그 자아는 인생이라는 강에서 당신을 성공 쪽으로 옮겨 놓을 능력과 의지가 있다.

그 이후로는 모든 게 수월하게 진행되고 방법이 분명해질 것이다. 보이지 않는 자연의 위대한 힘에 당신 자신을 맡겼기 때문이다. 그로 인해 목표에 반드시 도달하게 된다. 그러면 당신은 왜 더 일찍 그 길을 발견하지 못했는지 의아하게 여길지 모른다. 그리고 실패는 더 많은 실패만 부르는 반면 성공은 더 큰 성공을 부르는 이유를 이해하게 될 것이다.

성공한 사람은 모두 자기 주도성을 갖고 행동하는 습관을 지니고 있다. 그 원칙을 적용한다는 사실을 본인은 모르고 있더라도 말이다. 실패하는 사람 대부분은 계획이나 목표를 설정하지 않은 채 목적 없이 삶을 표류한다. 그들은 명확한 주요 목표를 설정하고 그것을 완수하는 데 필요한 자기 주도성을 발휘하지 않기 때문에 어떤 노력을 하든 그 노력은 수포로 돌아간다.

자기 주도성은 동기에서 비롯된다. 신은 인간에게 인류 진보를 위한 신성한 계획을 완수할 기발한 방법을 많이 주었다. 그중 하나로 신은 인간의 마음이 매력적인 대상에게 끌리는 동기를 심어 놓았다. 그래서 그 동기에 자극을 받아 인간이 최선을 다하도록 만들었다.

사랑, 성욕, 경제적 안정에 대한 열망 이 3가지가 인간이 자기 주도성을 발휘해 움직이는 가장 강력한 동기다. 신은 사랑과 성욕의 조합을 통해 인류가 인간 생명을 영속해 나가게 했다. 이 동기들은 너무 매력적이라 그 동기에 영향을 받을 것인지 말 것인지는 인간이 선택할 수 있는 문제가 아니다.

신은 자신의 계획에 따라 지구의 생명체가 생존할 수 있게 했다. 사람이 무엇을 원하든 무슨 동기로 자기 주도성을 발휘하든 신의 계획과는 상관없다. '자동차의 왕'으로 불리는 헨리 포드Henry Ford는 자신의 재정적 이득에 대한 열망이 동기가 됐다고 믿을지 모른다. 혹은 성공에 대한 자부심이 동기가 됐다고 생각할 수도 있다. 성공을 통해 그는 거대한 산업 제국을 건설해 수백만 명에게 직간접적으로 일자리를 제공했다. 그러한 그의 노력 덕분에 많은 사람이 자기 주도성을 발휘해 정신력을 강화했다. 인간이 자기 주도성을 갖고 정신력을 강화하는 것, 바로 이것이 신의 계획이다. 헨리 포드는 자신이 신의 계획을 완수하도록 사람들에게 동기를 불어넣었다는 사실을 결코 몰랐을 것이다. 또 그가 반드시 알아야 하는 것도 아니다.

인간의 뇌는 자기 주도성이 발휘될 때만 발전한다. 이는 모든 심리학자에게 잘 알려진 사실이다. 하지만 인간이 발휘하는 모든 자기 주도성의 배후에는 신의 계획이 있을 가능성에 대한 것은 누구나 알 수 있는 게 아니다. 신의 계획은 인간이 스스로 노력해서 정신적 및 영적 성장을 하도록 하는 것이다. 우리는 미래에 다가올 새로운 기회의 시대를 최대한 활용해야 한다. 그 시대에는 창의적 시각과 명확한 목표, 동기가 있는 남성과 여성은 자기 주도성으로 앞으로 나아가게 될 것이다.

자기 주도성을 발휘하는 남성과 여성의 앞길을 막는 것이 약하고 가난한 사람을 돕는 길이라는 잘못된 믿음으로 미국의 리더십과 산업의 목을 조여서는 안 된다. 위대한 철학자의 말처럼 약하고 가난한 계층은 언제나 존재하기 마련이며, 자기 주도성을 발휘하는 리더십이 없다면 모두가 빈곤한 계층으로 밀려날 게 분명하기 때문이다. 약하고 가난한 사람을 돕는 최상의 방법은 에디슨과 헨리 포드처럼 부유하고 강력한 사람들이 자기 주도성을 갖고 앞으로 나아가도록 더욱 장려하는 것이다. 약하고 가난한 사람을 도운 사람들은 항상 이런 이들이었다. 그들이 자기 주도성을 갖고 행동하는 과정에서 수익성 있는 고용을 창출하고, 그 고용을 통해 약하고 가난한 사람에게 일자리를 제공했다.

부유하고 강력한 사람들의 수를 줄이거나 그들이 자기 주도성을 발휘할 동기를 없애면, 약하고 가난한 사람들은 혜택을 받을 수 없다. 그러면 모두가 약하고 가난한 사람이 되는 결과로 이어진다. 현명한 사람은 자연의 계획을 준수해 효율적인 대량 생산을 함으로 유익을 얻는다. 그리고 그 대량 생산 덕분에 생활의 필수품뿐만 아니라 사치품까지 약하고 가난한 사람들이 이용할 수 있게 되었다. 부유하고 강력한 사람은 현명한 리더십, 자기 주도성,

창의적 시각, 상상력, 조직적인 활동을 제공함으로 약하고 가난한 사람들에게 수입원을 제공하고 그들도 부유하고 강력해질 기회를 준다.

동기 없이 무언가를 자발적으로 하는 사람은 아무도 없다. 가장 중요한 동기 3가지는 앞에서 언급한 대로 사랑과 성욕, 재정적 이익에 대한 열망이다. 이는 자연스러운 동기다. 이 동기들은 신이 준 선물이며 모든 인간에게 내재되어 있다. 그러한 동기는 신의 신성한 계획의 일부임에 틀림없다. 그렇지 않다면 평범한 인간 모두의 마음에 그 동기가 심어졌을 리 없다. 이러한 바람직한 동기 덕분에 우리의 삶의 방식이 달라졌다. 그 3가지 동기가 없었더라면 지금도 미국인의 삶은 이 은혜의 땅을 발견했을 당시의 수준과 똑같았을 것이다.

진정한 교육이 모두 학교에서 이루어지는 건 아니다. 실용적인 교육은 대부분 인간 경험을 통해 이루어진다. 힘겹게 노력하고, 시도했다가 실패하고, 또다시 시도함으로 진정한 배움을 얻는다. '교육하다educate'라는 말의 어원인 라틴어 '에듀코educo'는 '재능을 내부에서 끌어내 강화하다'라는 뜻이다. 재능을 내부에서 끌어내는 가장 강력한 계기는 창조하고 만들고 재산을 축적하고 다른 사람에게 일자리와 기회를 제공하려는 동기다. 이런 동기로 최고의 교육을 받은 사람들이 생겼다. 당신이 할 수 있는 일을 하면 당신의 수고로 전 세계는 물질적인 자산뿐만 아니라 영적인 이해에서도 더욱 부유해질 것이다. 영적인 이해 없이는 어떠한 형태의 부도 오래 지속되지 않는다.

자동차의 셀프스타터처럼 자기 주도성을 발휘하는 자신의 모습을 생생하게 그려 보자. 명확한 주요 목표를 세우고 어디로 가고 있는지 인식하며 계속 움직여라. 그러면 목표를 향해 달려가는 당신을 방해할 수 있는 것은 아무것도 없다. 이제 다음 문장을 반복해서 말해 보자.

"나는 목표를 향해 끈기 있게 행동하고 나아갈 것이다."

# 성공의 일곱 번째 원칙

# Philosophy of Success

# 자기 훈련

이번 장을 시작하면서 자기 훈련의 원칙을 정복하면 확실히 어떤 이득을 얻게 되는지 개략적으로 알아보자. 당신이 지침을 잘 따라 이 원칙을 활용한다면 상상력은 훨씬 더 기민해지고, 열정은 강렬해지고, 자기 주도성은 강력해지고, 자기 신뢰는 강화되고, 시야는 확장되고, 문제들은 한낮 햇빛에 눈송이가 녹듯이 다 사라질 것이다. 또한 당신은 새로운 시각으로 세상을 보게 될 것이다. 당신의 성격은 사람을 강력하게 끄는 성격으로 발전해 예전에는 당신을 깔보고 무시했던 사람들이 당신을 찾게 될 것이다. 당신의 희망과 야망은 강렬해지고 믿음은 강해질 것이다.

어떤 시합에 나가든 이 정도의 자질을 갖춘다면 상당한 승산이 있지 않은가? 지금까지 언급한 전망은 내가 보장할 수 있다.

자기 훈련만큼 개인적 성공에 중요한 필수 조건은 없기 때문이다.

자기 훈련은 자신의 정신을 지배하는 것을 뜻한다. 지금까지 이 책에서 정신을 다스리라는 내용을 반복적으로 언급하며 강조했다. 이제는 우리가 배운 여러 원칙을 서로 연결해 그 원칙들이 사슬의 고리처럼 밀접히 관련되어 있다는 사실을 이해할 시간이다.

성공 철학의 모든 원칙에는 분명한 목적이 있다. 바로 자기 자신에 대한 통제권을 강화하도록 돕는 것이다. 이는 성공에 필요한 가장 절대적인 요소다. 하나의 원칙이나 하나의 조언으로만 자신에 대한 통제권을 강화할 수 있다면 당연히 다른 원칙들은 다 사라졌을 것이다.

병목 지역이라고 불리는 곳이 있다. 성공을 향한 당신의 모든 힘은 이 병목 지역을 통과해 흘러야 한다. 여기서 말하는 '병목 지역'은 통제되는 통로다. 당신이 혼합해 사용하고 있는 힘의 시냇물이 그 통로로 밀어닥치고 그 통로에서는 다양한 힘이 뒤섞여 물살이 원활하게 흐르는 거대한 역량을 지닌 강물로 흘러간다.

당신의 정신은 '싱크 탱크think tank, 각 분야의 전문가를 모아서 연구하고 개발하는 조직'라고 할 수 있다. 정신은 자신이 창조하고 쌓아온 잠재력을 모아두는 저장소다. 이제 어떻게 해야 목표 달성에 가장 적합한 방향으로 잠재력의 정확한 양을 끌어낼 수 있는지 알아보자.

성공 철학의 각 원칙을 바탕으로 자기 훈련을 해보자. 그러면 하나로 응축된 힘을 얻게 되고 그 힘을 일상적인 문제에 실용적으로 적용할 수 있게 된다. 간단한 비유로 생각해 보면, 당신이 가고자 하는 곳으로 이동할 자동차를 만들고 있다고 하자. 당신이 강렬한 동기를 바탕으로 명확한 주요 목표를 세웠다면, 이것이 조향 기어다. 한층 더 노력하라는 주요 전략을 짠 것이다. 이 전략은 일종의 변속기 역할을 하여 다른 사람의 협력을 끌어낸다. 당신이 마스터 마인드를 통해 특정 사람들과 적극적이고 조화롭게 연합했다면, 이것은 일종의 '새시 자동차의 기본을 이루는 차대'다. 당신은 무한한 지성의 힘을 받아들이는 방법을 배웠고, 행동하는 믿음으로 그 힘을 목적에 집중시키는 방법도 배웠다. 이것이 자동차에 연료를 공급한다. 당신은 타오르는 열망으로 불꽃을 튀기고 있다. 이제 이 모든 것을 가지고 한계가 없는 강력한 엔진을 장착한 자동차를 만들어 잘 굴러가게 하는 방법을 배울 것이다.

자기 훈련은 정신을 지배하는 데서 출발한다. 생각을 통제할 수 없다면 행동도 통제할 수 없다. 그러므로 가장 단순한 형태의 자기 훈련은 먼저 생각한 다음에 행동하는 것이다. 얼핏 들으면 아주 당연한 이야기같지만, 실제로 많은 사람이 먼저 행동한 다음에 생각한다. 설령 생각을 조금 하더라도 대부분 행동이 먼저다.

자기 훈련은 긍정적인 감정 7가지와 부정적인 감정 7가지, 모두 14가지 주요 감정을 완벽히 통제하게 해 준다. 긍정적인 감정 7가지는 사랑, 성욕, 희망, 믿음, 열정, 로맨스, 열망이며 부정적인 감정 7가지는 공포, 질투, 증오, 복수심, 탐욕, 화, 미신을 믿는 생각이다. 이제 당신은 부정적인 감정 7가지를 없애거나 변화시키고 긍정적인 감정 7가지를 바람직한 방식으로 나타내는 일이 얼마나 중요한지 알게 될 것이다.

대부분 사람은 자신의 삶이 감정에 흔들리는 것을 그냥 놔둔다. 사실상 이 세상도 인간의 감정에 의해 좌우된다. 하지만 이런 감정은 마음의 상태로, 인간이 통제하고 감독해야 하는 대상이다. 부정적인 감정 7가지가 통제되지 않을 때 얼마나 위험해질 수 있는지는 쉽게 이해할 수 있다. 긍정적인 감정 7가지 역시 의식적으로 완벽하게 통제하지 않은 상태에서 표출하면 파괴적일 수 있다.

강력한 동기가 모든 성공의 진정한 출발선이다. 명확한 주요 목표 배후에는 긍정적인 동기가 있으며, 이 동기 때문에 인간의 모든 활동이 이루어진다. 이런 동기는 너무 강력해서 당신은 목표를 달성하는 데 모든 생각과 노력을 쏟아부을 수밖에 없게 된다.

많은 사람은 진정한 동기와 단순한 소망을 혼동한다. 단순히 바라기만 하는 것만으로는 성공을 이룰 수 없다. 만약 바란다고 성공할 수 있다면 모두가 엄청난 성공을 거둘 것이다. 당연히 모든 사람이 성공을 바라니 말이다. 사람들은 지구에 있는 것들, 심지어 달에 있는 것들도 모두 원한다. 하지만 그런 소망이 명확하고 강렬한 동기와 결부된 불타는 열망으로 바뀌지 않는다면, 그들의 바람과 백일몽은 헛된 것이다. 강렬한 동기가 정신에 지배적인 영향력을 행사해야 한다. 그런 동기가 정신을 사로잡아야 한다. 그래야 행동이 유발된다.

자기 훈련은 건설적인 습관을 기르는 일이다. 자기 훈련을 제대로 하면 사고 습관과 행동 습관을 모두 완벽하게 통제할 수 있다. 자기 훈련과 관련된 가장 중요한 원칙 하나를 알려 주겠다. 이 원칙은 몹시 중요해서 당신이 이 장에서 더 많은 것을 배우지 않더라도 남은 당신의 삶에 큰 도움이 될 것이다. 이 원칙을 잘 이해하고 기억하면, 그렇지 못한 사람들이 직면하는 심각한 시련의 대부분을 피할 수 있다. 그 원칙은 바로 '자기 훈련을 하면 마음의 감정과 머리의 이성이 균형을 이룬다'라는 것이다. 그러니 당신은 자기 훈련을 통해 중요한 인생 문제를 결정할 때 감정과 이성이 보내는 조언을 모두 활용하는 방법을 배워야 한다.

때로는 감정을 뒤로하고 이성의 명령을 따를 때도 있다. 그런가 하면 어떤 경우에는 이성의 조언을 자기 입맛에 맞게 바꾸고 감정을 따를 때도 있다. 사랑의 감정을 제어하지 못해 상대방의 손에서 놀아나는 사람을 한번쯤은 본 적 있을 것이다.

가끔 학생들은 결정을 내리고 계획을 세울 때 감정을 완전히 배제하고 이성적 능력에 전적으로 의지해 삶을 통제하는 게 더 안전하고 현명하지 않느냐는 질문을 한다. 이 질문에 대한 내 대답은 '아니다'이다. 설령 그게 가능하더라도 절대로 현명한 방법이 아니다. 감정은 추진력, 즉 머리로 내린 결정을 행동에 옮기게 하는 활동력을 제공하기 때문이다. 인간이 발휘하는 위대한 힘의 원천이 바로 감정이다. 희망과 믿음을 파괴하면 무엇을 위해 살아가겠는가? 열정과 충성심, 성공에 대한 열망을 제거한다면 이성밖에 남지 않을 텐데 그러면 무슨 소용이 있겠는가? 이성은 지시하려고 존재하는 것인데 지시할 대상이 사라지는 꼴이다.

지금까지 긍정적인 감정만 언급했는데 부정적인 감정도 그와 비슷하게 통제되고 건설적인 추진력으로 바뀔 수 있다. 자기 훈련을 하면 부정적인 감정에서 가시를 제거하고 그런 감정을 유용한 목적에 활용할 수 있다. 당신도 알다시피 때때로 공포와 화는 강력한 행동을 유발한다. 단 부정적인 감정에서 나오는 모든 행동은 이성의 조언으로 다듬어져야 한다. 그래야 부정적인 감정이 올바른 방향의 행동으로 이어진다.

머리와 마음의 균형과 관련해 또 하나의 중요한 개념을 살펴보자. 이런 균형은 의지력이나 '에고ego'와 관련 있다. 지금부터는 특정한 상황과 환경에서 의지력이 최종적인 결정권을 행사해야 한다는 점에 대해 알아보자. 상황에 따라 이성이나 감정 중 어느 것이 더 큰 영향력을 행사하도록 허용할 것인지에 대해서는 의지력이 최종 결정권을 가져야 한다. 자기 훈련을 통해 의지력이나 에고가 감정이나 이성 둘 중 하나에 무게를 실을 수 있어야 하며, 감정이나 이성이 표출될 때 그 힘이 증폭될 수 있어야 한다.

당신도 알다시피 머리와 마음은 모두 주인이 필요하다. 이 둘은 의지력이 있는 주인을 찾을 것이다. 의지력을 갖고 행동하는 에고는 재판장처럼 앉아 있다. 하지만 이는 에고가 재판장의 역할을 하도록 의식적으로 훈련한 사람에게만 해당하는 말이다. 그러한 자기 훈련을 하지 않는다면 에고는 자기 일에만 신경 쓰고 머리와 마음이 마음껏 싸우게 놔둔다. 이런 경우 그 피해는 고스란히 머리와 마음의 주인에게 돌아온다. 그러니 우리는 자기 훈련을 해서 감정을 통제해야 한다. 특히 음식과 술에 대한 욕구, 사고방식, 시간 사용, 명확한 목표 이 4가지와 관련해서는 반드시 감정을 통제해야 한다.

이제 사고방식을 생각해 보자. 지금까지 나는 긍정적인 사고방식의 중요성을 반복적으로 강조했다. 마음 상태를 긍정적으로 유지해야만 명확한 목표를 세우고, 다른 사람의 협조를 유도하고, 믿음을 나타내 무한한 지성의 힘을 끌어당길 수 있다. 긍정적인 사고방식은 '삶의 12가지 탁월한 부'의 첫 번째 항목이자 가장 중요한 항목이다. 긍정적인 사고방식 없이는 '삶의 12가지 탁월한 부'

중 어느 것도 누릴 수 없다.

사실상 '삶의 12가지 탁월한 부' 중 7가지는 자기 훈련의 직접적인 결과다. 긍정적인 사고방식, 건강한 신체, 인간관계의 조화, 공포에서의 자유, 성취 희망, 믿음을 지니는 능력, 모든 주제에 열린 마음은 자기 훈련을 해야 얻을 수 있다. 이 시점에서 명확한 목표 설정의 중요성에 대해 자세하게 다룰 필요는 없을 것 같다. 당신은 이미 명확한 목표가 강력한 동기와 밀접한 관련을 맺어 모든 성공의 출발선이 된다는 사실을 알고 있으니 말이다.

아직까지도 인생의 목표를 정하지 않았다면, 지금 당장 앞으로 되돌아가 1장을 다시 공부하라. 그리고 주요 목표와 그것을 달성할 계획을 적어라. 이것이 자기 훈련의 첫 번째 단계다. 아무리 전능하고 무한한 지성이라도 당신이 무엇을 원하는지 어디로 가려는지 결정하지 않는다면 도움을 줄 수 없다.

머지않아 당신은 과거에 이루었던 것보다 더 크고 좋은 것을 이루고 싶다는 생각을 하게 될 것이다. 그때가 되면 당신을 아주 잘 아는 사람들 때문에 낙담할 수도 있다. 그들은 당신의 계획이 어리석다거나 당신에게 그 일을 해낼 능력이 없다고 말할지도 모른다. 당신에게 희망을 불어넣거나 당신의 에고를 강하게 만들어 주는 사람보다 당신을 비난해 용기를 꺾으려는 사람을 훨씬 더 많이 보게 될 것이다. 그렇게 낙담하는 상황을 피하는 최상의 방법은 당신의 목표를 함부로 발설하지 않는 것이다. 당신의 대의에 진정으로 공감하고 당신의 가능성을 이해하는 사람 말고는 누구에게도 목표를 말하지 마라. 당신을 이해하는 사람이 없다면 계획을 혼자만 알고 있어라. 행동을 통해 말하라. '말보다 행동'을 좌우명으로 삼아라.

성공 철학의 원칙들을 고수하고 그것을 적용하라. 우리의 마음에는 각자가 통제해야 하는 마음이 다음 6가지 부문으로 존재한다.

**1** 에고 : 의지력이 머무는 자리다. 에고는 대법관처럼 행동한다. 마음의 나머지 부문이 작용하는 방식을 뒤집고 수정하고 바꾸고 제거할 힘을 지닌다.

**2** 감정 : 생각과 계획, 목적을 행동으로 옮기는 추진력이 감정에서 나온다.

**3** 이성 : 상상력과 감정의 결과물을 저울질하고 판단하고 적절하게 평가한다.

**4** 상상력 : 아이디어를 생각해내고 계획을 세우고 목표를 달성

할 방법을 궁리한다.

**5** 양심 : 생각과 계획, 목표의 도덕적 공정함을 검토한다.

**6** 기억 : 모든 경험의 기록을 보관하는 관리자 역할을 한다. 또한 서류 캐비닛과 같은 역할을 하여 모든 감각과 무한한 지성이 준 영감을 저장한다.

자기 훈련을 통해 이 6가지 부문을 조화롭고 적절하게 통제하면, 그 마음의 주인은 다른 사람의 반대에 직면하는 일을 최대한 피하며 삶의 어려움을 잘 극복해 나갈 수 있다.

이런 마음의 모습을 공부한 사람들은 자기 훈련을 무시할 때 생기는 비극을 깨닫고 다음과 같은 논리적인 질문을 던진다. '개인이 갖는 힘의 놀라운 원천이 어째서 그동안 중요하게 다루어지지 않았을까?' 자랑은 아니지만 답변을 하자면, 앤드루 카네기가 내게 성공한 사람을 연구해 보라고 하기 전까지는 현대의 어느 누구도 어떻게 해야 성공적인 삶을 사는지에 대한 핵심 사상들을 구체화한 실용적인 철학을 세상 사람들에게 제공하지 않았다. 그래서 사람들은 마음에 대한 통제권을 중요하게 생각하지 않았다. 산업의 위대한 건설자이자 인간의 위대한 스승인 카네기는 이런 성공 철학이 반드시 필요하다는 사실을 알고 있었다. 전에도 언급한 적이 있지만 그런 요구를 충족시키는 데 내가 도움이 되었다는 사실에 머리 숙여 감사함을 전한다.

당신에게는 실패에 대한 변명의 여지가 없다. 원대한 목표를 달성하는 데 필요한 핵심 도구를 모두 손에 넣었기 때문이다. 마음의 6가지 부문을 잘 조절하고 자기 훈련을 통해 마음을 다스린다면 당신은 사람들 대부분이 꿈꾸는 것보다 더욱 강력한 힘을 갖게 될 것이다.

강력하고 확신에 차 있지만 침착하고 이해심이 있는 당신의 모습을 그려 보라. 화나고 낙담하는 일이 생기더라도 목표를 향해 나아가는 진지하고, 결단력 있고, 확고한 자세를 유지하라. 이제 다음 문장을 반복해서 말해 보자.

"나는 행동하기 전에 생각한다."

# 성공의 여덟 번째 원칙

Philosophy of Success

## 집중력

개인적 성공을 더 높은 수준으로 달성하려면 생각의 힘이 명확한 목표를 향해 적절하게 조직되고 발휘되어야 한다. 그리고 생각의 힘이든 육체의 힘이든 인간의 힘은 에너지에 집중해야 얻을 수 있다. 자신의 주요 목표에 집중하면 잠재의식에 그 목표의 분명한 그림이 투사된다. 집중력이 잠재의식에 계속 신호를 보내면 마침내 잠재의식은 목표를 알아차리고 목표 달성을 위한 행동을 시작한다. 그래서 기도는 다음 요소들을 통해 명확한 목표에 대한 집중이자 가장 엄격한 자기 훈련으로 나타날 수 있다.

**1** 명확한 목표 : 이것이 출발선이다.

2 상상력 : 상상력은 목표를 자신의 정신에 매우 명확하게 밝히고 비춰서 목표의 본질이 흐려질 수 없게 한다.

3 열망 : 목표를 달성하지 않고는 못 배길 정도로 불타는 열망이 점점 타오른다.

4 목표 달성에 대한 믿음 : 목표의 실현을 믿을 때 생긴다. 이런 믿음은 매우 강력해서 이미 목표를 달성한 것처럼 생각한다.

5 의지력 : 믿음을 지속적으로 뒷받침한다.

잠재의식은 그렇게 자신에게 전달된 그림을 알아차리고 모든 실용적인 수단을 활용해 타당한 결론에 이를 때까지 목표를 수행한다. 어떠한 일을 목표로 삼든 집중력은 그 일을 정복하게 한다. 집중력이 있으면 명확한 목표 달성에 정신을 집중할 수 있고, 그 힘을 자신의 의지대로 계속 발휘할 수 있기 때문이다. 집중력은 가장 높은 수준의 자제력이다. 자신의 정신을 통제하는 사람은 다른 모든 걸림돌도 통제할 수 있다. 해리엇 비처 스토Harriet Beecher Stowe는 이런 종류의 통제력에 대해 이렇게 말했다.

"궁지에 몰려 모든 게 당신에게 불리해서 더는 1분도 버틸 수 없을 것처럼 보여도 절대 포기하지 마라. 그 상황은 곧 흐름이 바뀔 공간과 시간일 뿐이다."

어떤 것을 좋아하면 자연스럽게 그것을 끌어당긴다는 법칙에 주의를 돌려보자. 이런 현상은 '조화로운 끌어당김의 법칙'으로 부를 수 있다. 이로 인해 생명의 위대한 계획에 따라 서로 필요한 힘과 사물은 자연스럽게 공존하는 경향이 있다. 지구의 토양에서 자라는 식물에 이 법칙이 적용되는 것을 볼 수 있다. 이 법칙에 따라 조금은 이상하고 알려지지 않은 과정이 작용해 토양의 미네랄과 화학물질이 섞인다. 거기에 공기 중에 있는 에너지가 결합되어 땅에서 자라는 모든 식물이 생산된다. 이를 통해 지구의 모든 생명체가 생존한다.

사람 사이의 관계를 생각해 보면 끌어당김의 법칙이 자주 무시되고 생각이 내뿜는 비우호적인 에너지가 종종 조화를 파괴한다. 이런 상황이 발생하는 이유는 사람들이 '조화로운 끌어당김의 법칙'을 모르기 때문이다. 또는 의도적으로 부정적인 생각을 하기 때문이기도 한데 이런 생각은 끌어당김의 법칙에 역행하는 파괴적인 생각으로 알려져 있다. '성공 원칙의 17가지'에 통달하고 다른 사람과의 모든 관계에서 그 원칙을 적용하는 습관을 기른 사람은 끌어당김의 법칙을 통해 많은 것을 얻는다. 자신의 마음을 다스려서 자신이 원하는 사람과 사물만 끌어당길 수 있기 때문이다. 나아가 그들은 공포, 질투, 탐욕, 증오, 시기, 의심 같은 모든 부정적인 감정을 마음에서 제거함으로써 집중력을 발휘하는 마음 상태를 유지한다.

위대한 성취는 자신 안에 있는 여러 마음이 조화를 이룰 때 이루어진다. 마음 안에 평화가 유지되는 것은 그저 운의 문제가 아니다. 그것은 집중력을 발휘해 자기 훈련을 해야만 얻을 수 있는 귀중한 소유다. 집중력은 가벼운 관심과는 대단히 다르다. 명확한 목표를 바탕으로 엄격하게 자기 훈련을 해야만 얻을 수 있다.

집중력을 발휘해 얻고자 하는 게 무엇인지 정확하게 알아야 집중력이 나타나기 시작한다. 그런 다음 자신의 열망에 정신을 몰두하고, 다른 생각보다 열망에 우선순위를 두고, 그것을 머릿속으로 계속 되뇌고 마스터 마인드 연합에서 토론을 통해 반복적으로 상기할 때 앞으로 나아가게 된다. 좀 더 쉽게 표현하자면 특정한 주제를 생각하고, 말하고, 그것과 함께 먹고 마시고 잠들어서 밤낮으로 그 주제에 집착하면 집중력이 발휘되는 것이다. 이런 방식으로 자신이 원하는 목표를 잠재의식에 강제로 투사할 수 있다. 그러면 독특한 능력을 발휘하는 잠재의식은 당신이 깨어 있을 때처럼 잠을 자는 동안에도 열심히 목표를 추구한다. 마침내 잠재의식은 강박적인 열망을 받아들여 목표 달성을 위한 실용적인 계획을 내놓는다. 예기치 않은 순간에 번뜩이는 아이디어가 떠오른다면,

그것은 잠재의식이 의식으로 그 계획을 전달하는 것이다.

이제 한 가지 진실을 밝힐 시간이다. 이 이야기가 어쩌면 당신에게 충격적일 수도 있다. 내가 아는 성공한 사람은 모두 집중력을 자기 최면이 될 정도로 발전시켰다는 점이다. 앞에서 언급한 것처럼 사람은 일상생활의 지배적인 환경에 영향을 받고 그 환경의 일부가 된다. 이게 가능한 수단이 자기 암시다. 이는 의식적으로든 무의식적으로든 자기가 자기에게 암시하는 것을 말한다. 자기 암시는 당신이 표현하는 생각이 긍정적이든 부정적이든 모든 생각을 기억에 저장한다. 그리고 그것이 당신 성격의 일부가 되게 한다. 당신에게 들리는 모든 말 또한 저장하고, 그 말에 대한 당신의 반응에 따라 긍정적인 의미 또는 부정적인 의미를 부여한다. 자기 암시는 당신이 오감을 통해 보거나 인식한 모든 것의 정신적 반응과 물리적 환경에 대한 당신의 느낌을 기록한다.

의식적으로 집중하는 목표는 그 사람의 지배적인 환경이 된다. 가난한 삶이나 빈곤의 물리적 신호에 생각이 고정되어 있으면, 그 생각의 영향력은 자기 암시를 통해 잠재의식에 미친다. 집중력을 발휘해 지배적인 생각을 부유함과 경제적 안정에 고정했을 때도 자기 암시는 똑같은 방식으로 작용한다. 따라서 명확한 주요 목표인 긍정적인 면에 주의를 집중하고 그 목표를 날마다 깊이 생각하는 습관을 들여라. 그러면 자신의 잠재의식을 지배해 잠재의식이 목표 달성을 위한 활동을 하게 만들 수 있다.

명확한 주요 목표에 주의를 집중하는 것만이 자기 암시를 긍정적으로 적용하는 방법이다. 그밖에 다른 방법은 없다. 집중력과 통제되지 않는 주의력의 차이는 매우 크다. 자신의 정신에 무엇을 먹이로 주느냐의 차이다. 목표를 달성할 생각을 먹이로 줄 것인가, 아니면 표류하는 정신이 목표를 달성하지 '못할' 생각을 먹이로 하는 것을 내버려 둘 것인가? 정신은 결코 가만히 있는 법이 없다. 우리가 잠을 자는 동안에도 계속 활동한다. 정신은 자기가 받은 모든 영향에 반응을 보임으로 쉬지 않고 작용한다. 그러니 정신이 목표 달성에 도움이 되는 생각을 하며 계속 분주히 활동하게 만들어야 한다. 이게 바로 집중력을 발휘해야 하는 이유다.

집중력은 정원에서 잡초를 제거해 비옥한 토양으로 관리하고 예쁜 꽃과 나무를 키우는 정원사에 비할 수 있다. 이는 완벽한 비유다. 잘 알려진 대로 긍정적인 생각으로 정신을 가득 채우는 일을 등한시하면 잡초 같은 생각들이 어느새 정신을 가득 채우기 때문이다.

스스로 자기 정신에 책임을 져야 하며 집중력을 발휘해 계속 재생산하고 싶은 생각을 정신에 먹이로 주어야 한다. 그렇지 않으면 부정적인 환경의 영향력에 정신이 장악되어 버리는 대가를 치를 수밖에 없다. 여기서 타협은 없다. 자신의 정신을 통제해 원하는 목표를 이루는 방향으로 가느냐 아니면 정신에 정복당해 환경에 휘둘리는 삶을 사느냐 둘 중 하나다. 하지만 그 선택은 인간의 손에 달려 있다. '생각의 힘'은 인간이 완벽하게 통제할 수 있는 유일한 권한이다. 이는 인간이 이 놀라운 특권을 잘 활용하면 엄청난 잠재력을 발휘할 수 있다는 점을 암시한다.

자기 암시의 원칙을 이해했다면, 명확한 주요 목표를 추구하는 일에 정신을 계속 분주하게 유지해야 하는 이유도 쉽게 이해할 수 있다. 자기 암시의 역할은 정신에서 해로운 요소를 제거하고 부정적인 생각이 아닌 긍정적인 생각을 하게 유도하는 것이다. 한 저명한 심리학자는 자기 암시가 작동하는 방식에 대해 완벽하게 설명했다. "자기 암시는 뇌에 정신적 길을 파는 도구다." 집중력은 그 도구를 잡고 있는 손이다. 사고 습관은 정신적 길이 따라가는 지도나 설계도다.

어떤 생각이나 열망을 행동으로 옮겨야 하는가? 그렇다면 그 행동이 습관이 될 때까지 의식적으로 계속 생각해야 한다. 그러면 그때부터는 자기 암시의 몫이다. 자기 암시는 그 행동 및 사고 패턴을 잠재의식에 전달한다. 자신에게 전달된 정보를 감지한 잠재의식은 모든 실용적인 수단을 활용해 타당한 결론에 이를 때까지 자동으로 목표를 수행한다.

당신이 되고 싶은 사람이 이미 됐고, 원하는 것을 손에 넣은 모습을 모든 감정을 동원해 생생하게 상상하라. 그 멋진 생각을 계속 품어라. 몹시 신나는 그 감정에 집중하라. 그리고 다음 문장을 하루에 여러 번 반복해서 말해 보자.

> "목표에 온 정신을 집중하는 건 아주 쉽고 짜릿한 일이다."

# 제9장

성공의 아홉 번째 원칙

Philosophy of Success

# 열정

열정enthusiasm이라는 말은 그리스어의 '안'을 의미하는 'en'과 '신'을 의미하는 'theos'에서 파생했다. 따라서 열정은 내부에서 나오는 것이다. 열정은 목소리와 표정을 통해 외부로 표출되지만 그 원천은 사람의 마음이다. 열정은 당신 내부에 있는 신의 활동이며 지성이라는 내부의 위대한 원천을 활용하는 능력이다. 열정은 행동하는 믿음이다.

영감으로 충만한 열정은 종종 활기찬 감정과 혼돈된다. 하지만 그 둘은 분명히 다르며 우리는 그 차이를 분명히 이해해야 한다. 활기찬 감정은 궐기 대회나 영업 미팅 같은 외부적 요소에 의해 빠르게 생길 수 있다. 이런 감정은 노래를 부르거나 집 주변을 달리거나 펄쩍펄쩍 뛰거나 소리를 지르거나 자기 생각을 조금만 조절하면 쉽게 생긴다. 쉽게 생긴 만큼 금방 사라지기도 한다. 그런 감정은 전기처럼 쉽게 켰다가 끌 수 있다. 하지만 여기서 말하는 열정은 그렇게 쉽게 식지 않는다. 열정은 마음대로 켰다가 끌 수 없다. 만약 세일즈맨에게 이런 행동하는 믿음이 있다면 직면하는 장애물은 무엇이든 극복할 수 있다. 그리고 불가능한 일을 해낸다.

인간의 정신이 무엇을 상상하고 반드시 그것을 달성할 수 있다는 전제를 현실로 만드는 게 열정이다. 타오르는 열망을 갖는 것도 열정 때문이다. 이 타오르는 열망은 전염력이 있다. 당신을 만나는 잠재 고객이나 다른 사람들은 당신의 열정을 즉각 알아본다. 그리고 그 열정을 자신의 열정으로 바로 화답한다. 성공한 세일즈맨은 모두 열정을 가지고 있다. 성공한 사람 모두에게는 틀림없이 열정이 있다.

헨리 체스터Henry Chester 작가는 "열정은 인간이 가진 가장 위대한 자산 중 하나다. 그것은 돈과 권력, 명성보다 강력하다."라고 말했다. 소규모의 노동자 부대가 부를 모으더라도 그것은 사람들의 관심을 잘 끌지 못한다. 그런 상황에서도 열정가는 혼자서 사람들을 설득하고 지배한다. 열정은 편견과 반대를 짓밟고, 무기력을 물리치고, 반대의 요새를 공격하고, 산사태처럼 모든 장애물을 집어삼킨다. 열정은 바로 행동하는 믿음이다.

믿음과 자기 주도성이 적절하게 조합되면 산과 같은 장벽도 제거하고 유례없는 기적을 이룬다. 당신의 식물에, 사무실에, 농장에 열정의 싹을 틔워라. 당신의 태도와 행동에 열정을 담아라. 그러면 당신이 깨닫기도 전에 당신의 분야 곳곳에 열정이 퍼지고 영향을 미친다. 이는 곧 생산의 증가와 비용의 감소를 의미한다. 또한 당신 직원들의 기쁨과 즐거움, 만족을 의미한다. 열정이 넘치는 삶은 진정한 삶이자 힘찬 삶이다. 열정이 있으면 평생 큰 보상을 안겨주는 필수적이고 탄탄한 기반이 저절로 놓인다.

열정과 사람의 관계는 불과 증기 보일러의 관계와 같다. 열정은 정신의 힘을 집중시켜 행동의 날개를 달아준다. 모든 철학자와 사상가는 열정이 말에 의미를 더하고 행동의 의미를 바꾼다는 사실을 발견했다. 그들 중 어떤 사람은 열정이 표현된 말뿐 아니라 생각에도 강력한 힘을 준다는 점을 알아내기도 했다. 열정은 동기의 부산물이다. 명확한 목표를 달성하고자 하는 불타는 열망을 가져라. 그리고 그 열망을 뒷받침하는 동기를 끌어내라. 그러면 열정의 불꽃이 내면에서 타오르기 시작하고 필요한 행동을 당장 시작하게 될 것이다.

영감을 주는 작가인 오리슨 스웨트 마든Orison Swett Marden은 "넝마주이의 시각만 있는 한 계속 넝마주이로 살아간다."라고 말했다. 아마 그는 "넝마주이의 열정만 있는 한"이라는 뜻으로 말했을 수 있다. 그가 그런 종류의 감정을 언급한 바 있기 때문이다. 그는 이렇게 설명했다. "우리의 사고방식은 곧 마음의 갈망이다. 우리는 그 갈망을 영원히 기도한다. 그리고 자연은 그 기도에 응답한다. 우리는 바라는 것을 갈망하고 그것을 자연의 도움으로 얻는 것을 자연은 당연하게 여긴다." 마든은 이렇게 말한 것일 수 있다. "가장 강하게 열정을 느끼는 대상을 우리는 갈망하고 자연은 그것을 당연하게 여긴다."

릴리언 휘팅Lilian Whiting 작가는 열정의 진정한 의미를 이해하고 이렇게 말했다. "풍요로운 삶을 누리기 전에는 누구도 성공하지 못한다. 풍요로운 삶이란 에너지와 열정, 기쁨이 넘치는 다양한 활동으로 이루어지는 삶이다. 살아 있다는 설렘으로 하루를 맞이할 때 열정이 용솟음친다. 황홀감에 휩싸여 아침을 맞이하러 나가며 열정이 샘솟는다. 진정한 정신적 공감대로 인류가 하나 됨을 깨닫는 것이 열정이다."

열정은 힘이다. 열정은 역경과 실패, 일시적인 패배를 믿음이 수반된 행동으로 변화시킬 수 있는 수단이기 때문이다. 이 점은 개인 성공 철학이 제시한 것 중 가장 중요한 진리일 것이다. 비탄과 역경이 강렬한 열정으로 전환되어 어떤 시련이라도 극복하게 해 주는 강력한 힘을 준다는 사실을 깨달으면 깊은 감명을 받을 수 있다.

형이상학에 관심이 있는 사람은 열정을 자기 의지대로 발휘할 수 있는 한 물리적 환경은 전혀 중요하지 않다는 사실을 알고 있다. 물리적 환경은 그 사람의 마음 상태에 맞게 스스로 모양을 형성하기 때문이다. 이는 마치 중력의 법칙에 따라 물이 언덕 아래로 흐르는 것처럼 자연스러운 현상이다. 형이상학자는 진정한 친구나 사랑하는 사람의 죽음이 꼭 비탄만 가져오는 것이 아님을 인식한다. 감정을 전환시키면 시련을 통해 영감을 얻어 숭고한 노력과 깊은 사고력을 발휘하게 된다는 점을 이해한다.

생각의 힘은 이 세상에서 풀리지 않은 하나의 미스터리다. 에너지가 한 가지 이상의 형태로 존재한다는 증거를 우리는 어디에서도 찾지 못했다. 에너지는 언제나 한 가지 형태로만 존재하며 에너지 자체가 부정적이거나 긍정적일 수는 없다. 하지만 모든 에너지는 부정적이거나 긍정적으로 표출된다.

생각은 에너지의 표현이다. 생각은 긍정적인 형태로 표현될 때나 부정적인 형태로 표현될 때나 똑같이 강력하다. 따라서 크나큰 비탄과 상실, 실망의 감정을 긍정적인 감정으로 전환해 숭고한 노력으로 이어지게 할 수 있다. 그런 변화는 전적으로 감정의 통제에 달려 있으니, 열정을 적극적으로 표현하는 습관을 반드시 길러 감정을 통제해야 한다.

생각 에너지의 종류는 단 하나이지만 다양하게 표현될 수 있다. 긍정적으로나 부정적으로 또는 그 둘의 혼합으로 표현되기도 한다. 이 단순한 전제를 합리적으로 추리하면 부정적인 감정이 긍정적이고 유익한 감정으로 바뀔 수 있다는 점을 쉽게 이해할 수 있다. 그래서 열정을 가장 놀라운 방식으로 활용할 수 있는 것이다.

슬픔의 고통을 가져오는 에너지가 명확한 주요 목표나 일부 작은 목표들과 관련되어 창의적인 행동을 유발하는 기쁨으로 전환되기도 한다. 이를 가능하게 놉는 게 자기 훈련이나. 자기 훈련을 하는 사람만 슬픔을 기쁨으로 바꿀 수 있기 때문이다. 통제된 열정은 생각의 진동을 강력하게 하고 상상력을 더욱 기민하게 만든다. 그리고 부정적인 감정을 긍정적인 감정으로 전환시킴으로 마음에서 부정적인 생각을 제거한다. 그러면 마음을 다스려 믿음을 표현할 수 있다. 그런 열정은 소화 기관이 정상적으로 작동하는 데도 도움이 되며, 목소리에 유쾌하고 설득력 있는 분위기를 실어 준다. 또한 노동에서 고됨을 없애 주며 매력적인 성격을 더해 준다. 자신감을 고무시키고 신체적 건강을 유지하는 데도 도움을 준다. 통제된 열정은 적절한 열망을 만들어 주며 잠재의식에 영향을 끼쳐 신속하게 열망을 이루려는 행동을 하게 만든다. 또한, 그것은 홍역이나 백일해처럼 전염성이 있기 때문에 다른 사람의 열망도 부추긴다.

열정은 주문접수 직원을 일류 세일즈맨으로 바꿔 놓는다. 일류 세일즈맨이라는 타이틀을 단 사람치고 열정을 자기 의지대로 발휘하지 못하는 사람이 없고, 열정을 유지하지 못하는 사람도 없다. 열정은 대중 연설에서도 지루함을 제거해 준다. 열정적인 연사는 청중과 화합을 이루기 때문이다. 그래서 말을 많이 해야 하는 직업을 가진 사람이 성공하려면, 열정은 없어서는 안 되는 특성이다. 열정적인 연사는 청중을 자기 의지대로 통제한다.

열정은 표현되는 말에 빛나는 광채를 더해 주며 기억력을 예리하게 만든다. 열정은 일종의 정신적 발산이므로 무한한 지성과 밀접한 관련이 있다. 적어도 무한한 지성의 에너지가 열정에 영향을 미친다. 하지만 열정의 가장 중요한 기능은 단연코 부정적인 감정을 긍정적인 감정으로 전환시키는 것이다. 그리고 마음을 다스려 믿음을 키우고 표현하게 하는 것도 열정의 중요한 기능이다. 이런 것들에 비하면 열정의 다른 기능들은 부수적인 것이라고 해도 좋다. 열정은 생각을 행동으로 옮기는 요소다. 따라서 충분히 강한 열정이 있다면 그 열정을 불러일으킨 동기에 따라 행동하게 된다.

열정을 습관으로 만들기 위해서는 마음의 감정과 머리의 이성이 정신에서 어떤 비율을 차지하려고 하든 정확한 사고로 그 둘을 적절하게 혼합해야 한다. 따라서 효과적인 사고의 핵심 요소가 열정이다.

다음 단계들을 따르면 통제된 열정을 키울 수 있다.

1 명확한 주요 목표와 그것을 달성할 구체적인 계획을 세우고 지금 있는 곳에서 당장 그 계획을 수행하라.

2 목표를 달성하겠다는 열정적인 동기를 가지고 열망이 타오르게 하라. 타오르는 열망에 부채질하고 그것을 어르고 달래라. 열망이 당신의 정신을 계속 지배하게 하라. 밤에 함께 잠들고 아침에 함께 일어나라. 당신의 모든 기도의 바탕에는 열정이 있어야 한다.

3 명확한 주요 목표를 분명하게 적어라. 어떤 계획을 사용해 그것을 달성할 것인지도 적어야 한다. 목표 달성을 위해 당신이 희생할 수 있는 것도 함께 적어라.

4 최대한 열정적으로 그 계획을 끈기 있게 수행하라. 꾸준하게 지키는 작은 계획이 어쩌다 한 번 하거나 열정 없이 하는 큰 계획보다 더 낫다는 점을 기억하라.

5 기쁨 사냥꾼joy killer과 뿌리 깊은 비관론자와는 최대한 거리를 두자. 그들의 영향력은 치명적이다. 그들을 멀리하고 그 자리를 낙관적인 동료들로 채워라. 무엇보다 당신의 계획을 마스터 마인

드 연합의 구성원처럼 당신을 전적으로 이해하는 사람 말고는 누구에게도 말하지 마라.

**6** 명확한 주요 목표의 달성을 위해 다른 사람의 도움이 필요하다면 앞에서 다룬 마스터 마인드 연합의 지침을 참고해 필요한 도움을 주는 사람과 마스터 마인드 연합을 결성하라.

**7** 일시적인 패배를 경험했을 때는 계획을 주의 깊게 살펴보고 필요한 경우라면 계획을 수정하라. 하지만 한 번 실패를 맛봤다고 해서 주요 목표를 바꿔서는 안 된다.

**8** 계획을 수행하는 일에 조금의 시간도 투자하지 않고 하루를 그냥 보내서는 안 된다. 비록 아주 적은 시간을 쓰더라도 날마다 계획을 수행해야 한다. 당신은 열정을 습관으로 만들고 있고, 그 습관을 기르려면 반복적인 신체 활동이 필요하다는 사실을 기억하라.

**9** 어떤 습관을 기르든 자기 암시는 강력한 역할을 한다. 그러므로 목표 달성이 아무리 먼일 같더라도 그 목표를 이룰 것이라고 확고히 믿어라.

사고방식에 따라 잠재의식이 목표를 달성시키는 데 어떤 작용을 할지가 결정된다. 따라서 항상 긍정적인 생각을 유지하고 긍정적인 생각에서만 열정이 커진다는 사실을 기억하라. 긍정적인 생각은 공포, 질투, 탐욕, 시기, 의심, 복수심, 증오, 편협, 미루는 태도와는 공존하지 않는다. 열정이 빛을 발하는 순간은 긍정적인 생각으로 긍정적인 행동을 할 때다.

이제부터는 당신 자신에게 달렸다. 하지만 여기서 기억해야 할 것은 모든 사람은 두 가지 종류의 세상에서 살아간다는 사실이다. 첫째, 정신적 세계다. 이 세계는 주변의 동료와 물리적 환경에 상당한 영향을 받는다. 둘째, 물리적 세계로, 이 세계에서는 생존을 위해 힘겹게 노력해야 한다. 물리적 세계의 환경은 자신의 정신적 세계에 따라 크게 달라질 수 있다. 정신적 세계는 자신이 통제할 수 있지만, 물리적 세계는 자신의 통제권을 벗어난다. 하지만 자신의 사고방식과 조화를 이루는 물리적 환경은 끌어당길 수 있다.

열정은 사고방식과 정신적 세계에 엄청난 영향을 주는 힘이다. 열정은 목표를 강력하게 하고 정신이 조화를 이루게 한다. 또한 정신이 부정적인 영향에서 벗어나게 해 주고, 상상력을 깨우며, 행동을 자극해 자신의 필요에 맞는 물리적 환경을 형성하게 한다. 열정이나 명확한 주요 목표가 없는 사람은 증기나 달릴 선로, 가야 할 목적지가 없는 기관차나 다를 바 없다.

더글러스 맥아더Douglas MacArthur 장군은 열정에 대해 이렇게 말했다. “사람은 자신이 믿는 대로 늙는다. 의심과 공포, 절망에 빠지면 늙을 것이고 자신감과 희망으로 넘치면 젊어질 것이다. 세월은 얼굴에 주름을 만들지만 열정을 포기하면 영혼에 주름이 진다.”

열정과 힘, 자부심으로 불타오르는 당신의 모습을 상상하라. 당신은 자신이 목표를 향해 성공적으로 나아가고 있다는 사실을 깊이 느끼고 확신하고 있지 않은가. 다음 문장을 반복해서 말해 보자.

> “나는 열정과 힘으로 불타오른다.”

# 성공의 열 번째 원칙

# Philosophy of Success

# 창의적 시각과 상상력

상상력은 인간의 모든 성취의 열쇠이자 모든 시도의 핵심이며 인간의 영혼으로 들어가는 비밀 문이다. 상상력은 물리적 세계에서의 노력을 부추기고 그와 관련된 아이디어가 나오도록 영감을 준다.

또한 창의적 시각은 물리적 세계에 관한 관심에 머물지 않고 그 이상으로 확장된다. 창의적 시각이 있으면 과거를 바탕으로 미래를 판단하지만, 과거보다는 미래에 더 집중한다. 상상력은 이성의 힘과 경험에 좌우되고 영향을 받는다. 하지만 창의적 시각은 이성과 경험을 뒤로하고 새로운 아이디어와 방법을 끌어내 목적을 달성하게 한다. 상상력은 한계와 장애물, 반대를 인식하지만, 창의적 시각은 마치 그런 것들이 존재하지 않는 것처럼 역경을 뛰어넘고 목적지에 도달한다. 상상력은 인간 지성에 머무는 반면, 창의적 시각의 근원은 인간의 뇌를 통해 자신을 드러내는 우주의 정신이다.

천재와 평범한 사람의 차이를 알려면 상상력과 창의적 시각의 차이점에 유의해야 한다. 창의적 시각이 천재를 낳고, 상상력이 평범한 사람을 낳는다(비록 상상력을 통해 권력을 갖고 엄청난 결과를 달성하는 사람이 있다고 해도 말이다).

과거에는 창의적 시각이 그다지 필요하지 않았다. 하지만 이제는 그 어느 때보다 창의적 시각이 필요하다. 지금처럼 자기 주도성을 발휘할 기회가 많았던 적이 예전에는 없었기 때문이다. 지금 사람들은 체력과 근육은 풍부하지만 지력이 몹시 부족한 상황이다.

창의적 시각을 발휘하고 발전시키려면 중요한 두 가지 본질적인 요소가 있어야 한다. 한 가지는 성실하게 노력하려는 의지이고, 또 한 가지는 긍정적인 사고방식으로 한층 더 노력하려는 의지를 충분히 불러일으키는 명확한 동기다. 현재와 과거의 위대한 리더들은 국가적 역량이 가장 초라한 시기에 경력을 쌓기 시작했다. 그들은 개인적으로 '성공 원칙 17가지'를 활용해 적용함으로써 마음으로 정한 목표를 이루겠다고 맹세했다. 그리고 기회가 부족하다는 불평은 하지 않았다.

앤드루 카네기는 하루에 50센트의 임금을 받고 방직공장에서 소년공으로 일을 시작했다. 카네기의 총비서 자리까지 오른 찰스 슈와브Charles M. Schwab는 승합 마차의 운전사로 일하다가, 나중에는 펜실베이니아에 있는 제철소에서 날품팔이로 일했다. 헨리 포드는 전기 조명 및 전력 회사에서 기술공으로 일을 시작했다. 토마스 에디슨은 신문배달원으로 일을 시작하고, 나중에는 전보를 치는 일을 했다. 그동안 이 세계가 낳은 리더들을 모두 열거하려면 끝이 없을 것이다. 이들 모두는 하나같이 오늘날 산업계의 노동자 대다수가 누리는 환경보다 훨씬 열악한 환경에서 훨씬 적은 임금을 받으며 일을 시작했다.

따라서 어디서 시작하느냐는 크게 중요하지 않다. 중요한 건 어디로 가느냐다. 당신이 주의 깊게 보는 것은 무엇인가? 퇴근할 시간인가 아니면 당신 노력의 질과 양을 통해 당신을 없어서는 안 될 존재로 만들어 주는 기회인가? 원대한 야망을 품는 사람이라면 이런 질문을 자신에게 꼭 해 봐야 한다. 그리고 그 질문에 답할 수 있어야 한다.

창의적 시각을 지닌 사람은 자신이 어디로 가는지 알고 있다. 그들은 자신이 인생에서 무엇을 열망하는지 안다. 또한 다른 사람이 성공하도록 도와야만 자신도 성공할 수 있다는 사실을 이해한다. 그들은 변명거리가 아니라 성과를 만들어낸다. 인간이면 누구나 실수를 하듯 그들도 실수를 하지만, 그렇다 해도 실패에 대한 책임을 지는 것을 두려워하지 않으며, 그 책임을 다른 사람에게 절대로 떠넘기지 않는다. 그들은 결정을 신속하게 내리지만 잘못된 결정을 내렸다는 사실을 깨달으면 기꺼이 그 결정을 수정한다. 그들은 자신보다 지위가 높든 낮든 다른 사람을 두려워하지 않는다. 깨끗한 양심을 유지하여 이웃 사람들을 공정하게 대하고 자기 자신에게도 정직하기 때문이다.

창의적 시각은 타고나거나 타고나지 않는 기적 같은 자질이 아니다. 그것은 개인이 발전시킬 수 있는 특성이다. 만약 그렇지 않다면, 이번 장은 아무런 의미가 없을 것이다. 개인적 성공과 권력, 명성, 부에는 분명한 가격이 매겨져 있다. 창의적 시각을 지닌 사람은 그 가격을 알고 있으며 그 값을 지불할 의사가 있다. 또한 그들은 자신의 축복과 경험, 기회를 다른 사람과 나눌 때 얻는 유익을 알고 있다. 그렇게 해야만 지속적인 번영과 행복, 존경을 얻고 누릴 수 있다는 사실을 인식하기 때문이다.

상상력과 창의적 시각이 낳는 결과물에는 엄청난 차이가 있다. 로마제국이 멸망하던 시대부터 현대에 이르기까지 나라들의 역사를 살펴보면 나라의 리더들이 창의적 시각을 잃은 순간 그 나라가 쇠퇴의 길로 들어섰다는 점을 알 수 있다. 미국에는 지금도 창의적 시각을 가진 사람이 많다. 하지만 그들 대부분은 사업을 하거나 산업계에 종사한다. 그들은 세계에서 가장 위대한 자유 기업 시스템을 만들어 주었다. 하지만 우리의 정치 형태와 자유 기업 시스템이 생존하려면 위대한 정치가도 필요하다. 위대한 철학가의 말처럼 사람은 빵만으로는 살 수 없다. 우리 세계는 모든 분야에서 창의적 시각이 필요하다. 성공 철학을 숙지하고 그것을 적용하는 방법을 배운 사람은 틀림없이 창의적 시각을 충분히 발휘할 것이다. 그렇게 되면 관대한 보상이 그들을 기다리고 있다.

창의적 시각을 지닌 사람은 해가 져서 어둑어둑해지면 우리가 불을 밝힐 수 있도록 버튼을 만들어 주었다. 또 아침에 되고 해가 다시 떠오르면, 또 다른 버튼을 눌러 인간의 목소리를 녹음하고 재생하는 기계도 만들어 주었다. 그리고 신속한 커뮤니케이션 수단을 만들어 전 세계 사람이 이용할 수 있게 했다. 그로 인해 이 땅의 모든 가정에, 몹시 가난한 가정에서부터 억만장자의 가정에까지 세상의 뉴스들을 그 뉴스가 일어나자마자 신속하게 전달하며, 최고의 음악 프로그램을 공짜로 송출해 주었다. 창의적 시각을 지닌 사람은 위대한 철강 시대를 이끌었다. 나아가 자동차 시대, 전기 시대, 고층 건물 시대, 비행기 시대, 광대한 산업 시대를 열었다. 이런 시대가 세상을 부유하게 만들어 주었다. 창의적 시각을 지닌 사람은 문명이 이룩한 공공학교 중 최고의 학교 시스템을 만들었다. 인류가 축적해 놓은 지식을 무료로 이용할 수 있도록 공공 도서관 시스템도 구축했다. 그들은 미국의 독립선언서에 서명함으로 이 모든 축복의 기초를 놓았다. 그렇게 서명을 한 문서가 자신들의 사망 집행 영장이 될 수도 있다는 것을 알았지만, 시민의 자유 증명서가 될 수도 있다고 생각했기에 용감하게 행동했다. 창의적 시각을 지닌 사람은 금속관에 유리판을 삽입하고 하늘을 보는 망원경을 발명해 그동안 인간의 눈으로 볼 수 없었던 세계가 존재함을 밝혀 주었다.

지속적인 성공을 하려면 힘이 꼭 필요하다. 무력과 강압, 공포에 의한 힘이 아니라 창의적 시각에 의한 힘이 성공을 지속시킨다. 이러한 진실은 개인과 집단에 모두 적용된다. 창의적 시각은 타고난 정신적 자질이기도 하고, 기를 수 있는 자질이기도 하다. 상상력을 두려움 없이 자유롭게 펼칠 때 생기는 특성이기 때문이다.

상상력에는 두 가지 종류가 있다. 하나는 '종합적 상상력'이다. 기존의 아이디어나 개념, 계획, 정보 등이 결합되어 새로운 배열로 놓이거나 새롭게 사용되는 상상력이다. 이 상상력으로는 새로운 아이디어를 쉽게 얻을 수 없다. 창의적 시각을 지닌 사람 외에는 그런 아이디어를 떠올리지 못하기 때문이다. 현대 문명에 알려져 있거나 활용되는 거의 모든 정보나 아이디어는 예전 지식이 새로운 배열로 결합한 것에 불과하다.

상상력의 또 다른 종류는 '창의적인 상상력'이다. 창의적인 상상력의 기반은 잠재의식에 있으며 이런 상상력은 육감을 통해 새로운 사실이나 아이디어가 떠오르게 한다. 심리학자들이 알고 있는 바와 같이 잠재의식은 의식에 반복적으로 들어오고 감정의 지원을 받는 아이디어나 계획, 목적을 자연스럽게 알아챈다. 그리고 실용적인 수단이 무엇이든 그것을 즉시 활용해 의식에서 떠오른 생각을 타당한 결론에 이르게 한다.

창의적 시각은 믿음과 밀접한 관련이 있다. 창의적 시각을 가장 활발하게 발휘한 사람들은 믿음의 능력이 뛰어난 사람들이다. 믿음은 크고 작은 모든 지식과 사실의 근원인 무한한 지성에 접근하는 수단이다. 이 점을 인식하면 믿음이 있어야 창의적 시각을 지닐 수 있다는 사실을 이해할 수 있다.

비난을 두려워하지 않은 사람들이 발휘한 창의적 시각이 우리가 누리는 현재의 문명을 이룩했다. 또한 과학적 발명품의 탄생을 이끌었다. 어떤 분야에서든 창의적 시각은 새로운 아이디어를 활용해 개척하고 실험하도록 영감을 준다. 창의적 시각을 지닌 사람은 어떻게 하면 인간의 노동력을 더 효율적으로 활용하고 인간에게 필요한 부분을 더 풍부하게 충족시킬지 그 방법을 끊임없이 찾는다. 무엇보다 한층 더 노력하는 습관을 유지하는 사람들만 창의적 시각을 발휘한다. 창의적은 평범한 수준의 노력은 알아보지 못하며 물질적인 보상에도 관심이 없기 때문이다. 이것의 최대 목표는 불가능한 일을 가능하게 만드는 것이다. 게다가 상상력이 작용하기 시작하면 양손도 바로 따라 움직이기 시작한다. 상상력은 모든 일을 사랑의 노동으로 만드는 열정을 불어넣기 때문이다.

창의적 시각을 당신 삶을 이끄는 힘으로 삼아라. 그렇게 한다면 자신의 양심과 더 좋은 관계를 유지하면서 창의적 시각을 발전시켜 나갈 수 있다. 또한 자기 신뢰를 더욱더 강화하고, 인생의 명확한 주요 목표를 확립하고, 주요 목표로 정신을 계속 분주하게 유지해 공포와 의심이 정신에 들어설 시간을 주지 않으면, 자신이 누구인지 인생에서 무엇을 원하는지 목표를 위해 무엇을 대가로 치러야 하는지 알아낼 수 있다.

마지막으로 고요히 있는 명상 시간을 습관처럼 자주 가져 보면 좋다. 고요하게 있으면서 내면의 소리에 귀를 기울여 보라. 그러면 가장 강력한 힘인 창의적 시각을 발견할 수 있다. 그 힘은 인생이라는 강의 실패 쪽에서 성공 쪽으로 당신을 이끌 것이다. 그리고 고요하게 있는 시간 속에서 당신은 자신의 내면으로 들어가 신과 함께 있을 수 있다. 이 시간은 누구와도 함께할 수 없는 시간이다. 당신은 자유 의지와 자신의 결심으로 홀로 고요 속으로 들어가야 한다. 그다음에는 스스로 말을 해야 한다. 누구도 당신을 대신해 말해 주지 않으며, 당신이 자기 주도성을 발휘해 영감을 얻는 것 말고는 아무 일도 일어나지 않는다. 당신이 고요히 있는 시간에서 가장 중요한 일은 자기 주도성으로 스스로 영감을 얻고 창의적 시각을 통해 자기 주도성을 더욱 발전시키는 것이다.

상상력이 없는 노동에는 각각의 노력에 대해 고정된 시장 가격만 매겨진다. 하지만 노동에 상상력이 결합할 때 그 노동의 가격은 값을 매길 수 없을 정도로 높아질 수 있다.

희망찬 생각과 긍정적인 사고방식, 목표를 달성할 거라는 믿음으로 가득 찬 불굴의 힘을 지닌 당신의 모습을 상상하라. 몸과 마음을 이완시키고 자신감을 가져라. 하루에 세 번 홀로 고요한 시간을 가져 몸과 마음을 완전히 이완시켜라. 그다음, 아래 문장을 생각하며 반복해서 말해 보자.

"내 목표를 달성하는 데 도움이 되는 아이디어가 떠오르고 있다.
나는 그것을 감사히 여기며 기쁘게 받아들인다."

# 성공의 열한 번째 원칙

# Philosophy of Success

## 역경과 패배로부터 배우기

이 원칙의 핵심은 간단한 한 문장으로 말할 수 있다.

'모든 역경은 그 크기가 같거나 더 큰 성공의 씨앗을 수반한다.'

처음에는 이 말을 받아들이기 어려울지 모른다. 하지만 그런 판단을 내리기 전에 그 말이 맞는지 증거를 검토해 보자. 실패와 육체적 고통은 자연이 사용하는 언어의 한 축이라는 사실을 모두가 알고 있다. 자연은 이 언어를 통해 모든 생명체에게 말을 한다. 실패와 고통이라는 자연의 언어는 인간을 겸손한 정신으로 이끌어 지혜와 깨달음을 얻게 해 준다.

인생에서 크게 겪은 패배나 실패가 더 높은 수준의 성공으로 도약하는 출발선이 된다. 이 사실을 인식하는 것 자체가 인생의 가장 중요한 전환점이 될 수 있다. 일시적인 패배를 실패로 받아들일 필요가 없다는 놀라운 사실을 발견할 수 있기 때문이다. 이른바 실패라고 하는 것 대부분은 일시적인 패배에 불과하며 오히려 전화위복이 될 수도 있다.

인생이라는 환경에서는 누구든 어느 정도의 일시적인 패배를 경험한다. 하지만 그런 패배는 모두 그 안에 같은 크기의 성공의 씨앗을 품고 있다는 점을 알면 희망을 찾을 수 있다. 이를 깨달을 때 패배를 영원한 실패로 받아들이지 않고 패배에 대한 정신적 반응을 조정할 수 있다.

패배는 그것을 실패로 받아들이지 않는 한 결코 실패가 아니다. 미국의 철학자 에머슨Emerson은 "우리의 강함은 약함에서 자란다."라고 말했다. 우리가 찔리고 쏘이고 심하게 가격당하기 전에는 은밀한 힘으로 무장한 분노를 깨우지 못한다. 위대한 사람은 언제나 기꺼이 작아진다. 그들은 유리한 입장에 설 때도 잠자코 있다. 압박과 고통, 패배를 경험할 때 그들은 무언가 배울 기회를 얻는다. 그래서 재치와 어른스러움을 얻고 현실을 알게 되며 자신의 무지를 깨닫고 교만의 광기를 치료받는다. 그렇게 그들은 절제와 진정한 기술을 얻는다.

바로 여기에 중요한 패배의 이점이 있다. 앞에서 언급한 것처럼 위대한 사상가는 그런 이점에 대해 누구나 이해할 수 있는 표현으로 말했다. 누구든 자신의 경험을 통해 그 말이 맞는지 확인할 수 있다. 물론 패배가 화려하게 만개한 꽃과 같은 성공을 보장하지는 않는다. 패배를 통해 얻을 수 있는 것은 패배가 품은 성공의 씨앗이다. 그 씨앗을 알아보고 싹을 틔우는 것은 당신이 해야 할 일이다. 당신이 그 씨앗에 영양분을 주어 명확한 목표로 키워야 한다. 그렇게 하지 않으면 그 씨앗은 싹이 나지 않는다. 자연은 아무런 노력 없이 무언가를 얻으려는 태도를 싫어하기 때문이다.

모든 인간사에는 수레바퀴가 있다. 그 수레바퀴는 항상 운이 좋은 쪽으로 굴러가는 것도 막고, 항상 운이 나쁜 쪽으로 굴러가는 것도 막는다. 이 수레바퀴는 거대한 강에 비할 수 있다. 한쪽은 성공이라는 방향으로 물살이 흘러 그 강에 들어가는 사람은 반드시 성공에 이르고, 다른 한쪽은 그 반대 방향으로 물살이 흘러 그곳으로 들어가면 실패와 패배에 이르게 되는 강이다. 그 강은 상상에 머무는 강이 아니라 우리 삶에 실제로 있는 강이다. '인생의 강'이라고 불러도 좋겠다. 그것은 생각의 힘 안에 존재하며 우리의 정신 안에 머문다. 양방향으로 흐르는 '인생의 강'은 인간이 완벽하게 통제하는 단 하나의 유일한 힘이며, 누구에게도 도전받지 않고 그 누구도 도전할 수 없는 권한이다.

'인생의 강'에서 성공 쪽으로 건너가는 방법은 '성공 원칙 17가지' 중 핵심적인 4가지 원칙, 즉 명확한 목표, 행동하는 믿음, 마스터 마인드 연합, 한층 더 노력하는 태도를 적용하는 것이다. 은행

이 파산해 자신의 물질적 자산이 사라질 수 있고, 친구나 사랑하는 사람이 세상을 떠날 수도 있고, 당신의 건강이 악화될 수도 있고, 사기꾼이 당신의 돈을 훔쳐갈 수도 있고, 거짓말쟁이가 당신의 명성을 무너뜨리고 좋은 기회를 앗아갈 수도 있다. 기상 악화로 가뭄이나 폭풍이 생겨 노동의 결실이 사라질 수도 있고, 경영 침체가 일자리를 없앨 수도 있다. 이러한 피할 수 없는 모든 상황, 특히 개인의 통제력을 벗어난 상황은 불시에 닥칠 수 있으며, 자주 그런 일이 생긴다. 하지만 이러한 패배는 모두 그에 상응하는 성공의 씨앗을 수반한다.

위스콘신주의 포트 앳킨슨 근처에서 마일로 존스Milo C. Jones라는 한 농부가 작은 농장을 운영했다. 그는 건강했지만 근근이 먹고살 정도 이상의 수확을 얻지 못했다. 노후에 그는 사람들 대부분이 실패로 받아들일 수밖에 없는 상황에 직면했다. 존스는 신체 양쪽이 모두 마비되어 친척들의 도움으로 침대에 눕혀졌다. 친척들은 그가 회복할 수 없는 환자라고 생각했다. 몇 주 동안 존스는 침대에 누운 채 손가락 하나 까딱하지 못했다. 그에게 유일하게 남은 것의 정신력이었다. 그는 자신의 체력을 이용해 생계를 꾸렸기 때문에 그동안 살아오면서 정신력이라는 위대한 힘에는 거의 의존하지 않았었다. 이제는 의지할 수 있는 게 정신력밖에 없었기 때문에 그는 자신의 정신력을 활용하기 시작했다. 그렇게 하자마자 즉시 그는 자신의 불행을 보상해 줄 성공의 씨앗을 발견했다. 그는 그 씨앗을 인식한 후 마스터 마인드를 적용하고 활용함으로써 씨앗의 싹을 틔우기 시작했다. 그 씨앗은 하나의 아이디어로 구성되어 있었다. 그것은 그가 일시적인 패배로 좌절의 상황에 몰리지 않았다면 결코 발견하지 못했을 아이디어였다.

존스는 자신의 머리에서 그 아이디어가 완벽하게 정리된 후에 가족을 불러 자기 생각을 밝혔다. "나는 손으로 하는 일은 더는 할 수 없다. 그래서 정신으로 일하기로 결심했다. 이제 너희가 내 손을 대신해야 할 것이다. 우리 농장에서 옥수수를 심을 만한 모든 땅에 옥수수를 심어라. 그리고 그 옥수수로 돼지를 키우기 시작해라. 돼지가 어리고 살이 연할 때 도축해서 그 고기로 소시지를 만들어라. 그 소시지의 이름을 '아기 돼지 소시지Little Pig Sausage'라고 하자. 그리고 소시지를 전국의 소매점에 직접 팔아라."

가족은 존슨의 지시대로 하기 시작했고, 몇 년 후 '아기 돼지 소시지'라는 상표는 전국 가정식 음식의 대명사가 됐다. 존스의 가족은 그들이 꿈꿨던 것보다 훨씬 더 부유해졌고 존스는 백만장자의 삶을 살게 됐다. 이 모든 재산은 그에게 불행이 닥치기 전에는 변변찮은 수확을 안겨 주었던 바로 그 농장에서 벌어들인 것이다. 그는 '인생의 강'의 실패 쪽에서 성공 쪽으로 건너갔다.

장기적인 질병은 우리를 종종 멈춰 세워서 관찰하고 귀 기울이고 사고하는 계기가 되어 준다. 그러면 내면에서 고요하게 들리는 작은 목소리를 이해할 수 있고, 과거에 겪었던 패배나 실패의 원인을 곰곰이 생각해 볼 수 있다. 사랑하는 친구나 배우자, 형제, 연인의 죽음처럼 오직 상실로만 보이는 슬픔은 시간이 지나면서 삶을 이끌고 천재성을 발휘하게 만드는 요소가 될 수 있다. 대개 역경은 삶의 방식에 크나큰 변화를 가져온다. 좀처럼 끝나지 않던 내면의 유아기에 마침표를 찍고, 원치 않는 직업이나 가정 분위기, 라이프스타일을 끝내고, 자신의 성격을 발전시키는 데 더욱 도움이 되는 방법을 깨닫게 해 준다. 가장 중요한 것으로 새로운 지식을 얻고 새로운 영향력을 수용하는 것을 역경이 허용하거나 제한한다. 뿌리를 내릴 공간이 없고 머리 위로 타는 듯한 태양이 내리쬐는 양지바른 정원의 꽃으로 남은 사람은 정원사의 관심도 받지 못하고 주변 벽들도 무너져 내렸기에 스스로 가지를 계속 뻗는 반얀나무가 되었다. 그들은 한 그루의 반얀나무로 숲을 이루어 많은 이웃에게 그늘과 열매를 만들어 준다. 그래서 결과를 분석해 원인을 판단하는 철학자는 인간의 경험이 좋은 것이든 나쁜 것이든 모든 경험 안에는 좋은 씨앗이 있다고 말한다.

세계적인 위인 중 하나인 에이브러햄 링컨Abraham Lincoln은 못 배우고 가난한 가정에서 태어났다. 그의 출생 배경과 유년 시절은 그의 통제권을 벗어나 있었다. 젊은 시절 그는 상인을 꿈꿨지만 역경에 부딪혔다. 보안관이 되는 일도 마찬가지로 좌절됐다. 그래서 그는 법학으로 방향을 바꿨지만 실력이 부족해 의뢰인을 거의 찾지 못했다. 그는 군에 입대해 대위로 임명되어 서부의 인디언 전투에 투입됐다. 하지만 부대로 복귀하자 이등병으로 강등됐다. 군법회의에 회부되지 않은 것만으로도 그가 운이 좋았다고 믿는 사람도 있었다. 링컨이 손을 대는 것은 모두 실패였다. 파란만장한 그의 삶에서 가장 큰 비극은 사랑하는 연인 앤 러틀리지Anne Rutledge의 죽음이었다. 그 역경은 링컨의 위대한 영혼 깊은 곳으로 파고들어 누구도 하지 못한 일을 이루게 했다. 역경은 깊숙이 숨어 있던 링컨의 힘을 깨우고 그를 위대한 노예 해방자로 탄생시켰다. 실패로 받아들이지만 않는다면 실패 따위는 정말로 없다.

실패처럼 보이는 상황에 빠졌다면, 그 상황이 바로 인생의 진정한 전환점이라고 생각해 보자. 그 지점에서 경로를 바꾸고 새로운 길로 들어서라. 그때부터 새로운 용기와 비전을 얻고 승리의 결의를 새롭게 다질 수 있다.

실패와 패배가 안겨주는 이점이 때로는 이롭게 느껴지지 않을 수 있다. 상처가 치료될 시간이 충분히 흐른 뒤에 그 경험을 되돌아볼 때 비로소 그 이점을 깨닫기도 한다. 한 위대한 철학자는 "신은 더 좋은 것으로 대체해 주지 않고는 누구에게서든 아무것도 취하지 않는다."라고 말했다. 인류의 역사가 이 말의 타당성을 증명한다. 문명을 일으키고 계속 발전시키는 힘을 보면 그 말이 진실임을 알 수 있다. 시간은 결국 모든 악과 잘못을 바로잡는다. 역경을 통해서만 얻을 수 있는 교훈이 있다는 사실을 인식하는 사람들을 위해서 그렇게 한다.

활용할 수 있는 모든 방법을 동원해, 패배로부터 배우고 역경으로부터 유익을 얻는다는 이 원칙을 확인해 보자. 증거란 증거는 모두 활용해 그 원칙을 평가해 보면, 우주에 질서를 부여하는 불변의 법칙처럼 그 원칙이 흔들림 없다는 사실을 알게 될 것이다.

이 원칙이 불변의 진리임에도 불구하고 역경이나 실패를 추구하는 사람은 없다. 대부분 사람은 실패가 예상되면 어떻게 해서든 그 실패를 피하려고 한다. 실패로 인해 물질적 손해를 입거나 다른 사람에게 피해를 주는 외적 결과를 항상 통제할 수 있는 것은 아니다. 하지만 그 경험에 대한 자신의 반응은 통제할 수 있으며, 이를 통해 이득을 얻을 수 있다.

패배는 허영심과 교만을 겸손으로 바꿔줄 수 있으며, 더욱 조화로운 인간관계를 형성하는 길을 닦아 준다. 또한 자신을 점검하는 습관을 길러 주어 패배의 원인이 되는 자신의 약점을 발견하게 한다. 패배를 노력을 멈추라는 신호가 아니라 더 큰 노력을 해야 하는 도전으로 받아들인다면, 패배는 그야말로 의지력을 불태우는 원동력이 된다. 어쩌면 이것이 패배의 가장 탁월한 이점일 수 있다. 패배 안에 존재하는 성공의 씨앗은 전적으로 개인의 사고방식과 패배에 대한 반응에 있기 때문이다. 그러니 그 씨앗의 싹을 틔울지 말지는 전적으로 자신의 손에 달려 있다.

패배는 바람직하지 않은 인간관계를 끝내고 더 유익한 인간관계를 맺도록 준비시켜 주기도 한다. 인간관계에서 자유로울 정도로 운이 좋은 사람은 극히 드물다. 사람들 대부분은 살아가면서 자신에게 불리한 사회적, 사업적, 전문적, 직업적 인간관계를 형성할 수밖에 없다. 그런데 바로 패배로 인해 그런 인간관계에서 벗어날 수 있다.

사랑하는 사람의 죽음이나 실연의 아픔, 깊은 우정의 파괴와 같은 패배를 겪으면 큰 슬픔에 빠질 수 있다. 하지만 그 심연의 비탄에서 전에는 인식하지 못했던 영적 힘을 발견할지 모른다. 이런 경험은 자신의 영혼 안에서 위안을 찾게 한다. 그 과정에서 패배를 통하지 않고는 결코 발견하지 못할 거대한 힘이 숨겨진 저장소에 이르는 문을 찾아내기도 한다. 이러한 실패는 종종 그 사람의 관심과 활동을 물질적 가치에서 영적 가치로 옮겨놓는다. 그러므로 신은 인간이 자기 영혼의 영적 힘을 이용하게 하려고 깊은 슬픔을 느끼는 능력을 주었다는 가정이 가능하다.

섬세한 감정이 파괴되는 패배를 겪으면서도 그 경험에 영혼이 질식당하지 않는 사람은 자신이 선택한 분야에서 대가가 될 수 있다. 이 세상에서 위대한 음악가, 시인, 예술가, 제국의 아버지, 대문호가 바로 그런 경험에서 탄생했다. 다양한 분야에서 진정으로 탁월한 예술가는 비극을 통해 위대함을 얻는다. 비극이 그들을 자신의 존재 안에 있는 숨겨진 힘으로 인도하기 때문이다. 내면에서 스스로 발산하는 이러한 힘을 발견하면 그 힘은 단지 마음의 상처를 치유하는 데 그치지 않고 창의적인 노력의 형태로 전환할 수 있다는 점을 알게 될 것이다. 겸손한 마음으로 이 힘을 발휘하면 개인적인 성공은 탁월한 수준으로 높아질 수 있다. 그리고 이런 성공만이 사람을 진정으로 위대하게 만든다. 겸손함이 없는 성공은 절대 지속되지 않으며 만족을 주지도 않는다.

성공을 이루고도 인생을 겸손하게 살아가는 남성과 여성의 삶의 기록을 검토하면, 그들은 패배를 잘 계획된 행동을 더 많이 하도록 촉구하는 수단으로 받아들였다는 점을 알 수 있다. 또한 일반적으로 성공은 개인이 경험하고 정복한 패배와 똑같은 비율로 얻게 된다는 점도 알게 된다. 넘어졌지만 다시 일어나 계속 싸우는 사람은 창의적 시각의 근원을 발견한다. 그러면 일시적인 패배를 영원한 성공으로 바꿔 놓을 수 있다. 바로 여기에 패배의 중요한 이익이 있다. 누군가가 말했듯이 패배는 자신이 큰 성공을 이루는 인간인지 쳇바퀴를 달리는 생쥐인지 스스로 결정하게 만든다.

패배는 종종 자만심을 없애는 역할을 한다. 하지만 자만심과 정직한 자기 검토에 근거한 자기 신뢰를 혼동해서는 안 된다. 패배에 압도되어 포기하는 사람은 자만심을 자기 신뢰로 착각한 것이다. 자기 신뢰는 건전한 특성과 밀접한 관련이 있기 때문에 진정한 자기 신뢰가 있는 사람은 건전한 특성도 가지고 있다. 그리고 건전한 특성이 있으면 싸우지도 않고 패배에 굴복하지 않는다. 명확한 주요 목표와 믿음, 굳은 결의가 있는 사람은 자신이 통제할 수 없는 상황 때문에 간혹 '인생의 강'의 성공 쪽에서 실패 쪽으로 휩쓸려가더라도 그곳에 오래 머무르지 않는다. 패배를 바라보는 그의 강인한 정신이 그가 마땅히 있어야 할 곳인 성공 쪽으로 다시 옮겨 놓기 때문이다.

실패나 패배는 일시적인 것에 불과하다는 사실을 기억하라. 그것은 겸손과 지혜, 깨달음을 끌어내려는 자연의 방식이다. 모든 역경에는 그와 크기가 같거나 더 큰 성공의 씨앗이 있다는 점도 기억하라. 이제 다음 문장을 반복해서 말해 보자.

"어떤 역경에 직면하더라도
실패했거나 패배했다고 생각하지 않는다.
나는 그 안에 있는 성공의 씨앗을 찾아내며 내 목표를 향해
끈기 있게 싸우고, 그 과정에서 배우는 교훈에 감사한다."

# 성공의 열두 번째 원칙

# Philosophy of Success

# 시간과 돈에 대한 관리

마음을 단단히 먹어라. 당신과 당신의 미래에 대해 솔직하게 말할 시간이 됐기 때문이다. 우리는 '해피 밸리Happy Valley, 여기서는 성공한 삶이 있는 곳을 상징적으로 해피 밸리라고 칭했다'에 이르는 길을 따라 한참을 달려왔고, 이제 다음에 통과할 열두 번째 관문에 도달했다. 이 문의 제목은 '시간과 돈에 대한 관리'다. 이 문을 통과하고 나면 시간을 최대한 활용하는 방법과 돈을 벌고 그것을 고귀한 목적에 사용하는 방법을 알게 될 것이다.

열두 번째 관문을 통과하기 전에 잠시 멈춰서 앞에서 얻은 지식을 다시 떠올려 보자. 지금까지 우리는 대부분 대학생이 4년 혹은 6년 동안 대학 교육을 받으면서 얻은 지식보다 더 유용한 지식을 얻었다. 이 지식은 이론적인 지식이 아니다. 시행착오와 풍부하고 실용적인 경험을 한 사람들이 제공한 살아 있는 지식이다. 그들의 경험으로부터 배운 모든 교훈은 매우 중요하다. 하지만 지금부터는 그들과 그들의 성공은 잊고 당신과 당신의 미래로 주의를 돌려보자.

이 시간은 당신이 개인적으로 점검해야 하는 시간이다. 당신은 달갑지 않은 여러 사실에 직면하게 될 것이다. 하지만 그 사실들에 용기 있게 맞서자. 누구에게나 핑계는 있지만 그런 핑계는 당신을 원하는 곳으로 데려다 주지 않는다는 점을 기억하라. '당신은 성공자인가 실패자인가?' 이 질문을 자신에게 해 보자. 당신이 실패자라면 어떤 설명을 구구절절하게 하던 결과는 달라지지 않는다. 세상이 절대 용서하지 않는 한 가지가 있는데 그건 바로 실패다. 세상은 성공을 원하고 성공을 숭배한다. 세상은 실패할 시간도 주지 않는다. 당신이 실패에 대해 해명할 수 있는 유일한 방법은 자기 훈련을 통해 돛을 잘 손질해서 인생이라는 배를 성공으로 향하게 하는 것이다.

고요하게 마음을 가라앉히고 자신과 내면의 대화를 나누는 것은 삶에서 아주 근사한 시간을 보내는 일이다. 그 시간에 틀림없이 자신에 대해 무언가를 발견하기 때문이다. 그러한 발견으로 인해 잠시 흔들릴 수 있지만, 자신을 알게 되는 건 분명히 유익하다. 단순히 바라고 희망하고 꿈꾸기만 해서는 아무것도 달성하지 못한다. 정직하게 자기 분석을 할 때 단지 원하는 수준을 넘어서 꿈을 현실로 만들 수 있다. 아무런 노력을 하지도 않고 무언가를 얻을 수 있는 사람은 아무도 없다. 그런데도 많은 사람이 그렇게 하려고 한다. 가치를 지니는 것은 모두 분명한 가격이 있다. 가치 있는 것을 얻으려면 그 가격을 반드시 지불해야 한다. 우리의 인생에서 이는 피할 수 없는 현실이다.

어떤 분야에 대한 엄청난 지식이 성공의 필수 요소는 아니다. 하지만 성공하려면 자신이 알고 있는 지식은 그것이 무엇이든 지속해서 사용해야 한다. 성공한 사람이 알고 있는 자신의 모습은 생각이 아닌 습관이 만든 모습이다. 그러므로 당신이 시간을 어디에 어떻게 사용하고 있는지 알아내기 위해 자신을 면밀하게 검토해 볼 필요가 있다. 당신은 시간을 어떻게 사용하고 있는가? 시간을 얼마나 낭비하고 있으며 어떤 식으로 낭비하고 있는가? 그러한 낭비를 막기 위해 앞으로 어떻게 할 것인가? 이 질문들은 무척 중요하니 진지하게 주의를 기울여야 한다.

대체로 세상에는 두 종류의 사람, 즉 방황자와 방황하지 않는 자가 있다. 방황하지 않는 자는 명확한 주요 목표와 목표 달성을 위한 명확한 계획을 세우고, 그 계획을 열심히 수행하는 사람이다. 그들은 스스로 생각하고 자기 생각이 옳든 그르든 전적으로 책임진다. 방황자는 진짜 생각이라는 것을 하지 않는다. 그들은 남들의 생각과 아이디어, 의견을 따르며 그게 자기 생각인 양 행동한다. 그들은 모든 일에서 가장 쉬운 길을 택하고 거듭 반복해서 실수를 저지른다. 하지만 방황하지 않는 자는 뒤에 오는 사람들을 위해 길을 개척하고 새로운 위험을 정복하고 실수로부터 교훈을 얻은 일에 자부심을 느낀다. 그들은 명확한 목표를 갖고 행동하며 그 목적을 완수하기 위해 한층 더 노력하는 습관을 유지한다. 그들은 다른 사람의 압력을 받지 않아도 자기 주도성을 발휘해 앞으로 나아간다. 그리고 엄격한 자기 훈련을 통해 모든 습관과 행동, 생각을 통제한다. 그들은 긍정적인 사고방식을 유지하고 자신이 가장 원하는 것에 초점을 맞춘다. 행동하는 믿음으로 자신의 행동을 뒷받침하며 자신의 목표를 이루는 데 필요한 지식과 경험을 가진 사람들과 협력하기 위해 마스터 마인드 연합을 결성한다. 그들은 자신의 약점을 인식하고 그것을 극복할 방법과 수단을 찾는다. 그들은 일류 상인이 자신의 재고 목록을 작성해 점검하는 것처럼 자신을 정기적으로 점검한다.

이제 방황자가 시간을 효과적으로 사용하지 못하는 상황들을 살펴보겠다. 이 항목은 우리가 목적 없이 표류하게 되는 10가지 주요 원인을 밝혀 준다. 따라서 자신을 점검해 보고 싶은 사람은 이 항목들을 잣대로 사용해 보자.

**1** 직업 : 직업은 그 사람의 경제적 기회의 원천이다. 일반적인 사람은 일주일에 5일을 직장에서 일하는 데 바친다. 방황자인 대다수의 사람은 직업을 선택할 때 자신의 교육 수준이나 정신적, 영적 성향에 적합한 직업인지 고려하지 않는다. 하지만 방황하지 않는 자를 면밀하게 분석해 보면, 그들은 스스로 선택한 직업에 종사한다는 점을 분명히 알 수 있다. 그래서 그들은 '삶의 12가지 탁월한 부' 가운데 하나인 '사랑의 노동'을 하며 그 일에 창의적인 능력과 열정, 희망, 의지를 기꺼이 쏟아 붓는다.

**2** 사고 습관 : 방황자는 자기 생각을 훈련하거나 통제하려는 시도 자체를 하지 않으며 부정적인 생각과 긍정적인 생각의 차이를 배우는 법이 없다. 그들은 자신의 정신이 아무렇게나 피어나는 생각에 사로잡혀 표류하는 것을 허용한다. 목적 없이 표류하는 사고 습관을 지닌 사람은 틀림없이 다른 일에서도 길을 잃고 떠돈다. 긍정적인 사고방식은 '삶의 12가지 탁월한 부' 가운데 가장 중요한 요소이며 방황자는 얻을 수 없는 사고 습관이다. 긍정적인 사고방식은 자기 훈련을 통해 시간을 꼼꼼하게 관리해야 '얻을 수 있다.' 자기 일에 아무리 많은 시간을 할애한다 해도 긍정적인 사고를 기르지 않고는 아무 것도 얻을 수 없다. 긍정적인 사고방식이 시간을 효율적이고 생산적으로 사용하는 힘이기 때문이다.

**3 사업과 전문 직업, 개인적 관계** : 더 높은 수준의 성공은 방황하지 않는 자들과 연합해 우호적으로 협조함으로써 달성할 수 있다. 조화로운 인간관계는 자신감으로 이어지고 자신감은 우호적인 협조로 이어진다. 마찰과 충돌, 오해는 우호적인 관계를 방해하고 어떤 일에서든 시간을 낭비하게 만든다. 또한 방황자는 자신의 시간을 함부로 여겨 사소한 문제를 놓고 쓸데없는 논쟁을 벌이며 시간을 낭비하기 때문에 성공한 사람이 그들과 함께할 시간은 없다는 것을 기억하면 좋다.

**4 건강 습관** : 건강에 안 좋은 습관은 비극적이게도 대부분 방황자의 습관이다. 다들 알다시피 보통 사람은 자신의 건강보다 자기 자동차를 돌보는 일에 더 많은 관심을 쏟는다. 건강 문제는 아무리 강조해도 지나치지 않다. 방황자는 자신에게 어떤 병이 닥칠지 모른다는 위험을 상상하면서 걱정하고 안달하고 불평하며 자신을 들볶는다. 그러다가 정말로 신체의 화학 작용이 파업에 돌입해 건강 유지에 필요한 요소와 질병을 유발하는 요소 사이의 균형을 맞추는 일을 중단한다. 방황자는 생각과 행동 사이에서 갈팡질팡하며 무관심과 망설임, 혼동, 불규칙함을 괴상하게 조합한다.

**5 종교** : 종교는 모든 부면에서 영적인 힘을 발휘할 수 있다는

영감을 주기 때문에 바람직하다. 하지만 신체적 건강을 유지하는 데 미루는 습관이 있는 것처럼 종교와 관련해서도 미루는 태도는 분명히 있다. 대부분 사람에게 종교는 삶의 필수적인 요소라기 보다 품위를 위해 받아들이고 믿는다. 종교를 받아들이는 대다수 사람에게 그것은 실천이라기보다 이론이다.

**6 여가 시간의 활용 :** 여가 시간은 일을 하는 데 쓰지 않는 시간으로 정의될 수 있다. 여가 시간을 어떻게 활용하는지 보면 그 사람의 미래를 정확하게 예측할 수 있다. 여가 시간에는 자기 생각을 통제해 바람직한 목적을 향해 정신을 움직이게 할 수 있기 때문이다. 남에게 고용되어 일하는 사람에게 여가 시간은 승진의 기회이기도 하다. 그 시간에 더 큰 책임을 맡을 준비를 할 수 있기 때문이다. 방황자는 대개 자기 돈을 함부로 쓰는 것처럼 시간 역시 부주의하게 사용한다. 그들은 시간이 돈이라는 사실을 인식하지 못한다. 그래서 그 둘의 가치를 경시하고 거침없이 써 버린다.

**7 계획을 세우지 않고 낭비하는 습관 :** 이중 가장 안 좋은 습관으로는 심심풀이로 하는 오락이 있다. 이는 시간만 낭비하는 게 아니라 결핍과 빈곤을 불러온다. 성공한 비즈니스와 산업은 모두 시간 사용과 비용 지출을 정확하게 계산하는 엄격한 예산 통제 시스

템에 의해 운영된다. 성공을 원하는 모든 개인은 이와 똑같은 기준으로 자신의 삶을 관리해야 한다. 미국의 유명한 할부 구매 시스템은 수백만 명의 사람에게 큰 편리함을 주지만 실용적인 예산 소비 시스템이 아니다. 그래서 과소비를 부추길 수 있고 실제로 과소비가 흔하게 생긴다.

**8** 가족 관계 : 가족 관계에서 불화 때문에 시간이 낭비될 수 있다는 것은 생각만 해도 끔찍하다. 이런 죄악의 책임은 부모에게 있다. 일반적으로 부모가 가족 전체를 위한 본을 세우기 때문이다. 가족이라는 공동체는 개인의 성격이 형성되는 곳이다. 따라서 부모는 그 책임을 매우 심각하게 받아들이고 가족을 보호해야 한다. 화목한 가정에서 얻는 마음의 평화가 없다면 가장은 자신이 선택한 직업에서 성공할 수 없다. 가정의 화목함은 수입과 지출에 대한 예산을 세우고 가족 구성원 모두에게 각자의 책임을 정해 주는 등 계획을 철저하게 세운 결과다.

**9** 직장 : 직장에서 근로자들이 낭비하는 시간만 모두 합쳐도 미국의 거대한 산업 시스템보다 두 배 더 큰 또 하나의 산업 시스템을 구축할 수 있다. 또한 모든 근로자에게 평균적인 임금보다 더 큰 보상을 추가적으로 지급하는 것도 가능하다.

**10** 정확한 사고 : 사람들은 대부분 계획을 세우고 결정을 내릴 때 정보를 모으고 정리하고 분류하기보다 추측하는 습관에 빠져 정신 속에서 표류한다. 방황자는 거의 모든 문제에 대해 나름대로 의견을 가지고 있지만, 그 문제와 관련한 정확한 정보를 얻기 위한 시간을 좀처럼 투자하지 않는다. 방황하지 않는 자는 철저하게 모은 정보와 합리적인 가설로 도출한 의견이 아니라면 의견을 표출하지 않는다. 그들은 철저한 주의를 기울여 사실에 근거하지 않은 의견은 말하지 않는다.

돈을 절약하는 습관을 기르려면 총수입에서 일정 부분을 따로 떼어두는 연습을 해야 한다. 그리고 저축할 자금이 충분히 모이면 그 자금을 안전한 투자 자산에 넣어 두어야 한다. 그러면 시간이 흐르면서 돈이 스스로 불어날 것이다. 그 자금을 일상적으로 사용하는 경상비로 지출해서는 안 되며 위급한 상황이 발생해도 다른 방법으로 해결할 수 있다면 그 돈을 써서는 안 된다.

시간은 패배와 낙담의 상처를 치유해 주고 모든 잘못을 바로잡고 모든 실수를 자산으로 바꿔 놓는 일류 일꾼이다. 하지만 시간이 호의적으로 대하는 대상은 미루는 태도를 없애고 명확한 목표를 통해 미리 계획한 목적을 향해 앞으로 나아가는 사람뿐이다. 시간은 시계를 1초 2초 똑딱거리며 달려가면서 모든 인간과 경주를 하고 있다. 자꾸 미루면 지는 것이다. 인간은 잃어버린 시간을 1초도 다시 만들어낼 수 없기 때문이다. 결단을 내리고 신속하게 움직여라. 그러면 시간은 당신을 호의적으로 대할 것이다. 머뭇거리거나 가만히 있으면 시간은 자기가 도와줄 사람 명단에서 당신을 지워 버릴 것이다. 시간을 절약하는 유일한 방법은 지혜롭게 시간을 쓰는 것이다.

이제 자신을 시간과 돈의 주인이라고 상상하라. 당신에게는 시간과 돈을 낭비하는 사람과 함께할 시간이 없다. 다음 문장을 반복해서 말해 보자.

"나는 시간과 돈을 현명하고 신중하게 사용한다."

# 성공의 열세 번째 원칙

Philosophy of Success

# 긍정적인 사고방식

인간은 태어나면서 두 개의 봉인된 봉투를 가지고 이 세상에 나온다. 그 봉투에는 두 가지의 목록이 있는데 하나는 부의 목록이고 또 하나는 처벌의 목록이다. 부의 목록에는 자신의 정신을 지배해 인생에서 원하는 것을 얻기 위해 정신을 활용하는 사람이 누리는 부가 들어 있으며, 처벌의 목록에는 정신의 힘을 인식하지도 못하고 활용하지도 않는 사람에게 자연이 가할 처벌이 들어 있다.

자연은 텅 빈 진공, 행동하지 않는 나태함 이 두 가지를 벌하며, 그것들을 세상에서 제거하려고 한다. 당신이 원하는 것을 얻으려면 뇌를 잘 사용해 생각을 통제해야 한다. 그렇지 않으면 자연이 당신의 뇌를 좌지우지하며 당신의 정신에 개입한다. 그러면 믿기 어렵겠지만, 당신은 부정적인 밭에서 자라는 부정적인 곡식이 될 수 있다. 당신은 이런 상황을 원하지 않을 것이다. 선택은 당신에게 달렸다. 당신은 생각의 힘을 장악할 수도 있고, 원하지 않는 환경과 우연이라는 광풍에 휩쓸릴 수도 있다.

이러한 위대한 진실에서 '성공은 더 많은 성공을 끌어당기고 실패는 더 많은 실패를 끌어당긴다'라는 말이 생겼다. 당신은 이 말이 진리임을 여러 번 관찰했을 것이다. 하지만 그 원인에 대해서는 깊이 생각해보지 않았을 것이다. 원인은 간단하다. 당신이 목표에 집중해 그것을 이루기 위한 계획을 세우는 게 자연의 섭리다. 당신이 그러한 노력을 쏟으면 자연은 당신 뒤에 봉인된 봉투를 놓는다. 그 안에는 당신이 얻을 모든 유익이 들어 있으며, 봉투 겉면에는 이런 표시가 붙어 있다.

'당신이 스스로 선택한 목표를 위해 정신을 지배하고 활용한 대가로 받게 될 부'

성공이 더 많은 성공을 끌어당기는 이유는 명확하다. 그처럼 실패가 더 많은 실패를 끌어당기는 이유도 명확하다. 당신이 정신을 통제해 효과적으로 활용하지 않는다면 실패는 불 보듯 뻔하다. 자연은 나태함의 힘을 꺾고 그것을 보는 대로 처벌한다.

긍정적인 사고방식으로 성공과 부유함을 자신의 권리로 믿으며 정신을 효과적으로 사용하라. 이런 믿음은 성공과 부유함에 대한 당신의 정의가 무엇이든 한 치의 오차도 없이 당신을 그 길로 이끌 것이다. 부정적인 사고방식에서도 이와 똑같은 작용이 일어난다. 공포와 좌절을 믿으면 당신의 정신은 부정적인 것들의 열매를 끌어당긴다.

이제 이 두 개의 봉인된 봉투의 내용을 분류해 그 의미를 살펴보자. 이 봉투 중 하나는 '보상'이라고 부르고, 다른 하나는 '처벌'이라고 부르겠다. '보상'이라는 표시가 붙은 봉투에는 축복의 목록이 들어 있다.

1 성공의 빛줄기로 들어가는 특권 : 이는 성공을 이루는 환경만 끌어당긴다.

2 육체와 정신의 건강

3 경제적 독립

4 사랑의 노동 : 이를 통해 자신을 표현한다.

5 마음의 평화

6 행동하는 믿음 : 두려움을 사라지게 한다.

7 지속적인 우정

8 장수와 균형을 이루는 삶

9 모든 형태의 자기 한계를 물리치는 면역력을 얻음.

10 자신과 타인을 이해하는 지혜

이 항목들은 봉인된 봉투에 담긴 축복 전부가 아니라 일부이다. 이제 '처벌'이라는 표시가 붙은 봉투를 살펴보자.

1 평생에 걸친 가난과 불행

2 수많은 정신적 및 신체적 질병

3 자기 한계 : 이는 인생을 평생 그저 그런 삶에 묶어 놓는다.

4 파괴적 형태의 공포

5 생계를 위한 직업에 대한 반감

6 많은 적과 극소수의 친구

7 인류에게 알려진 온갖 종류의 걱정

8 사람에게 닥치는 모든 부정적인 영향의 먹잇감이 됨.

9 다른 사람들이 통제하고 영향을 미치는 대로 휘둘림.

10 인생 낭비 : 인류 발전에 전혀 이바지하지 못한다.

긍정적인 사고방식을 기르는 것은 자신의 정신을 통제하고 이끄는 가장 중요한 단계다. 부정적인 사고방식은 주변의 모든 영향력, 특히 부정적인 영향력을 다 받아들이게 하기 때문이다. 인생의 진정한 목적을 인식할 지혜를 얻고 그 목적을 위해 자신을 조정할 수 있는 유일한 정신 상태는 긍정적인 사고방식이다. 긍정적인 사고방식은 성공적인 인생을 만들려는 모든 사람에게 꼭 필요하다.

긍정적인 사고방식을 기를 수 있는 단계는 다음과 같다.

1 자신의 정신을 지배하고 활용하는 특권을 인식하라. 정신은 자신이 완벽하게 통제할 수 있는 유일한 것이다.

2 모든 역경은 그 안에 역경의 크기만 한 성공의 씨앗이 있다는 사실을 인식하고 그 점을 충분히 증명하라.

3 과거에 경험한 실패와 불쾌한 일들이 당신을 따라 들어오지 못하도록 문을 닫아라.

4 한층 더 노력하라는 마법의 성공 원칙을 행동으로 옮겨라.

5 롤 모델로 삼을 선두 주자를 고르고 가능한 한 모든 일에서 그 사람을 따라 하라.

6 물질적인 자산이 얼마나 필요한지 결정하고 그것을 얻기 위한 계획을 세워라. 그다음 '너무 많지도 않고, 너무 적지도 않게'라는 원칙을 적용해 지나치게 돈을 많이 벌려는 야망을 잠재워라. 이를 통해 물질적인 자산에 대한 야망을 조절할 수 있다.

7 다른 사람의 기분을 좋아지게 하는 말과 행동을 하는 습관을 길러라.

8 개인적인 염려와 관련해서는 결국 아무것도 중요하지 않다는

믿음을 갖고 모든 사소한 걱정거리를 물리치는 면역력을 키워라.

**9** 가장 하고 싶은 일을 찾아 사랑의 노동을 발견하라. 그리고 온 마음과 영혼을 다해 그것을 하라. 그것이 취미일지라도 말이다.

**10** 당신이 말이나 행동으로 부당하게 대한 사람이 있다면 그 사람과 대화를 나누면서 적절한 사과를 하고 용서를 구하라.

**11** 당신이 동조하고 허락하지 않는다면 그 누구도 당신의 감정에 상처를 주거나 당신을 화나게 하거나 겁먹게 할 수 없다는 사실을 항상 기억하라.

**12** 전환이나 변형의 원칙을 통해 스스로 환경을 만들고 그 안에서 사랑의 감정을 연습하여 그 감정의 대가가 되는 기술을 연마하라.

**13** 자기 연민은 자기 신뢰를 서서히 파괴한다는 점을 깨닫자. 그리고 언제나 의지할 수 있고 의지해야 하는 사람은 오직 당신 자신임을 인식하라. 누군가가 어떤 이유로 당신의 감정에 상처를 주거나 당신의 의지와 상관없이 당신을 화나게 만들 수 있다면, 당신의 정신에는 언제나 쉽게 무너질 수 있는 약한 지점이 있는 것이다.

긍정적인 사고방식으로 자신을 표현할 수 있으려면 먼저 그런 약한 지점을 강하게 만들어 놓아야 한다.

**14** 관대함을 습관으로 만들고 인종과 종교에 상관없이 모든 주제에 대해 열린 마음을 유지하라.

**15** 사람들에게 자신의 뜻을 강요하지 말고 그들을 있는 그대로의 모습으로 좋아하는 방법을 배워라. 당신은 사람들과 함께 살아가야 한다. 그러므로 사람들을 좋아하는 방법을 배워야 한다. 그러면 마침내 사랑과 애정이 당신의 몸과 마음을 치료하는 최고의 명약임을 알게 될 것이다. 사랑은 신체의 화학 작용을 완전히 변화시켜 긍정적인 사고방식을 나타내도록 조절한다. 또한 사랑은 이웃의 마음에 자신이 차지하는 공간을 넓혀 준다. 무엇보다 사랑은 공짜다. 사랑을 받는 최상의 방법은 사랑을 주는 것이다.

이제 긍정적인 사고방식을 기르고 유지하는 일에서 가장 중요한 주제를 다룰 시간이다. 긍정적인 사고방식에서 가장 중요한 것은 믿어 마땅한 것을 믿는 것이다. 당신은 무한한 지성의 존재에 대한 지속적인 믿음을 키워야 한다. 이는 당신이 정신을 지배하고 원하는 목적을 위해 정신을 활용할 수 있는 힘을 얻도록 신이 마련한 것이다. 신에게서 받은 가장 위대한 선물인 자유롭게 스스로 결정하는 능력을 굳게 믿어야 하며, 그런 믿음의 특성과 걸맞은 행동을 함으로써 믿음을 행동으로 증명해야 한다.

당신의 직업이나 인생의 소명과 관련 있는 동료들에 대한 믿음을 가져야 한다. 그들을 전적으로 믿을 수 없다면 당신은 동료를 잘못 얻은 것이다.

마지막으로 말의 힘을 믿어라. 긍정적인 사고방식과 어떤 면으로든 조화를 이루지 않는 말은 한마디도 하지 말아라.

이 지점에서 나는 성공 철학을 완전히 이해하고 그것을 인생에서 가장 원하는 것을 이루는 데 적용하기를 열망하는 사람들을 위해 몇 가지 매우 중요한 제안을 하려고 한다.

**1** 사람들과 평화롭게 지내려면 그들의 마음 상태와 특징에 맞게 자신을 조정하라. 인간관계에서 사소한 일들에 신경 쓰는 일을 삼가라. 사소한 문제를 논쟁거리로 삼지 마라.

**2** 하루를 시작하면서 정신을 다스리는 자신만의 기술을 만들어라. 그러면 온종일 긍정적인 사고방식을 유지할 수 있다.

**3** 크게 웃는 습관을 길러라. 이는 분노를 무해한 감정으로 둔갑

시키는 수단이다. 이런 웃음이 마음의 화학 작용을 부정적인 상태에서 긍정적인 상태로 얼마나 효과적으로 바꿔 놓는지 관찰하라.

**4** 당신이 맡은 일 중 할 수 있는 부분에 정신을 집중하라. 할 수 없는 부분이 모습을 드러내기 전에는 그 일 때문에 걱정하지 마라.

**5** 인생을 좋고 나쁜 모든 경험으로부터 배움을 얻는 지속적인 과정으로 바라보는 방법을 배워라. 지혜를 얻기 위해 항상 깨어 있어라. 지혜는 유쾌한 경험이나 불쾌한 경험을 통해 날마다 조금씩 나타난다.

**6** 당신이 드러내는 모든 생각은 그 영향력이 엄청나게 커져서 당신에게 되돌아와 당신을 축복하거나 저주한다는 사실을 항상 기억하라. 당신이 어떤 생각을 표현하는지 주의 깊게 관찰해서 축복으로 되돌아올 생각만 말해야 한다.

**7** 동료들에게 주의를 기울여야 한다. 다른 사람의 부정적인 사고방식은 전염력이 매우 강해 그 생각에 서서히 물들 수 있기 때문이다.

**8** 기도로 구하는 것을 이미 얻은 자신의 모습을 상상하라. 이렇게 확고한 믿음으로 기도할 때 기도가 최상의 결과를 가져온다는 점을 기억하라. 이는 가장 뛰어난 수준의 긍정적인 사고방식을 요구한다.

마음의 평화는 오로지 긍정적인 사고방식을 통해서만 얻을 수 있다. 그리고 우리는 다른 모든 것처럼 마음의 평화도 그것을 얻고 유지하려면 대가를 치러야 한다는 사실을 인식하기 시작했다. 그 대가는 다음과 같다.

**1** 무한한 지성이라는 우주의 힘을 활용하는 방법을 배운다면 누구든 그 힘을 발휘할 수 있다는 진리를 인식하기

**2** 다른 사람들이 스스로 돕는 방법을 깨울칠 수 있게 그들을 돕는 습관

**3** 복수심에서 벗어나기

**4** 모든 인간관계에서 한층 더 노력하는 습관

5 자신이 누구인지 알고 다른 사람과 구별되는 자신의 장점과 능력을 알기

6 모든 종류의 낙담에서 벗어나기

7 바라는 것을 생각하는 습관

8 마음에서 정한 것을 실행하기 위해 지금 서 있는 곳에서 시작하는 습관

9 일상적으로 일어나는 사소한 불운에 압도당하는 대신 그것을 정복하는 습관

10 모든 역경 안에 들어 있는 역경의 크기만 한 성공의 씨앗을 찾는 습관

11 불쾌한 일을 피하지도, 쾌락만 탐닉하지도 않고 인생의 장애물을 뚫고 성큼성큼 나아가는 습관

12 받으려 하기 전에 먼저 주는 습관

**13** 소유보다 행동을 통해 얻는 행복을 기뻐하기

**14** 빈곤을 정복할 수 있고 훌륭한 자산으로 전환할 수 있는 질병으로 평가하는 습관

**15** 스스로 선택한 사랑의 노동을 하기

이런 것들은 긍정적인 사고방식을 발휘할 때 얻는 기쁨의 일부다. 부정적인 생각을 당장 떨쳐 버리고 강력한 기둥과도 같은 자신의 모습을 마음속으로 그려 보라. 당신은 자신감으로 가득 차 있는 3미터 높이의 기둥이다. 근사하지 않은가? 그런 이미지를 마음속에 굳게 간직하고 이 신나는 감정을 기억하라. 이제 다음 문장을 열정적으로 반복해서 말해 보자.

> "나는 언제나 긍정적이고 성공적인 사고방식을 지니며
> 자신감이 넘친다."

# 성공의 열네 번째 원칙

# Philosophy of Success

# 정확한 사고와 판단

이제 가장 신비로운 수수께끼를 마주해 보자. 풀리지 않은 그 수수께끼는 인간의 정신이 가진 힘이다. 이 주제는 경외심을 갖고 접근해야 한다. 성공 철학에서 가장 심오한 주제이기 때문이다. 모든 성공과 실패의 비밀이 바로 그 안에 있다. 이 주제는 부의 마스터키를 얻으려는 사람과 위대한 땅인 해피 밸리에 입성하려는 사람 모두에게 필수적인 원칙이다. 이는 인류에게 알려진 원칙 중 가장 중요하지만, 역설적이게도 가장 이해하기 어려운 주제로, 바로 정확한 사고다.

생각의 힘은 풍요로운 정원에 비유할 수 있다. 계획적인 노력으로 잘 관리하면 정원에서 필요한 곡식을 얻을 수 있지만, 그냥 내버려 두면 쓸모없는 잡초만 난다. 우리의 정신은 쉬지 않고 작용한다. 정신에서는 고통이나 불행, 빈곤 또는 기쁨이나 즐거움, 부가 끊임없이 피어나며 그 세력이 강해지기도 하고 약해지기도 한다. 정신은 결코 가만히 있는 법이 없다. 그것은 인류가 사용할 수 있는 자산 중 가장 위대한 자산이다. 하지만 가장 적게 사용하고 가장 오용하는 자산이기도 하다. 정신을 사용하지 않는 것, 이것이 주된 오용이다.

과학은 자연의 심오한 비밀들을 많이 밝혀냈다. 하지만 인간이 이룬 부의 가장 위대한 원천, 즉 생각의 힘에 대해서는 그 비밀을 밝히지 못했다. 아마 인류가 이 신성한 선물에 대해 무관심했기 때문일지 모른다. 생각의 힘은 그것을 어떻게 사용하느냐에 따라 인간에게 가장 위험한 힘이 될 수도 있고, 가장 유용한 힘이 될 수도 있다. 생각의 힘을 통해 인간은 위대한 문명 제국을 건설하는가 하면 또 다른 인간은 제국을 아주 무력한 진흙처럼 짓밟는다. 인간이 창조하는 것은 그것이 좋든 나쁘든 모두 사고 패턴에서 먼저 시작된다. 모든 아이디어는 생각을 통해 피어난다. 계획과 목적, 열망도 모두 사고 과정에서 탄생한다. 생각은 인간이 완벽한 통제권을 받은 유일한 특권이다.

정확한 사고를 하면 자기 주도성을 발휘해 원하는 목적을 달성할 수 있다. 그러면 어떤 단계를 밟아야 정확한 사고를 할 수 있을까? 정확한 사고의 바탕에는 두 가지 주요한 기본 사항이 있다.

첫째, 알려지지 않은 사실이나 가설을 추정하는 귀납적 추론이다. 둘째, 알려진 사실이나 사실로 믿는 것을 근거로 한 연역적 추론이다. 정확한 사고를 하는 사람은 정보들을 다루면서 효과적으로 생각하기 위해 중요한 다음 단계를 밟는다. 먼저 사실과 허구 또는 전해들은 증거를 구별한다. 또 사실을 중요한 것과 중요하지 않은 것으로 분리한다.

대부분 사람은 생각을 하지 않는다. 그들은 그저 자신들이 생각한다고 믿을 뿐이다. 흔히 생각이라는 것은 대개 감정의 표현에 불과하고 그런 감정은 믿을 수 없다. 정확한 사고를 하는 사람은 감정적 열망과 결정을 타당한 생각이라고 믿기 전에 언제나 머리에 맡겨 판단하게 한다. 마음보다 머리를 더 믿을 수 있다는 것을 알기 때문이다. 가장 흔하게 표출되고 그래서 가장 위험한 감정은 공포·사랑·분노·질투·복수심·허영심·탐욕이다. 이 일곱 개의 감정 강도들은 정확한 사고를 불가능하게 만들어 개인에게서 성공의 기회를 자주 앗아간다. 이런 감정은 지속적으로 통제해야 하며 항상 면밀하게 살펴야 한다. 그런 감정이 판단의 오류로 이어지기 때문이다.

사고 습관은 두 가지 근원 중 어느 한 곳에서 비롯되는데 두 근원이 모두 유전이다. 하나는 '신체적 유전'이다. 신체적 유전을 통해 사람은 자신보다 앞선 세대의 특징과 성격을 물려받는다. 이

유전은 자연법칙에 따라 변하지 않는다. 하지만 유전된 많은 특성은 정확한 사고를 기르면서 고칠 수 있다. 또 하나의 근원은 '사회적 유전'이다. 사회적 유전으로 생긴 사고 습관은 환경적인 영향과 교육, 경험, 외부 사건들로 생긴 생각들이다. 우리의 생각은 사회적 유전에 매우 큰 영향을 받는다. 우리의 생각 대부분은 다른 사람들이 우리에게 정해 준 것이라고 해도 큰 무리가 없다.

정확한 사고를 하는 사람은 인생에서 좋은 정보와 나쁜 정보를 모두 인식한다. 그리고 책임감을 갖고 좋은 정보와 나쁜 정보를 구별해 정리하고, 자신에게 도움이 되는 정보는 선택하고 그렇지 않은 정보는 무시한다. 그들은 전해들은 정보에 영향을 받지 않는다. 그들은 자신의 감정의 노예가 아닌 주인이다. 정확한 사고를 하는 사람은 사람들 사이에 섞여서 살지만 다른 사람들이 자신의 내적 생각이나 사고 과정에 침입하는 것을 허용하지 않는다. 그들의 의견은 정보나 믿을 만한 증거를 냉철하게 분석하고 철저하게 연구한 결과다. 그들은 다른 사람의 조언을 활용하지만 그 조언을 받아들일지 거부할지는 구구절절 설명하지 않고 스스로 정한다. 그리고 계획이 잘못되면 신속하게 다른 계획을 세워 이전 계획을 대체한다. 하지만 일시적인 패배를 겪었다고 해서 자신의 목적에서 빗나가는 법이 없다. 그들은 결과를 분석함으로 원인을 판단하는 철학자다. 자연법칙을 준수하고 자신을 거기에 맞춤으로 많은 단서를 얻는다.

정확한 사고를 하는 사람이 기도할 때 가장 먼저 구하는 것은 더 많은 지혜다. 그들은 자연법칙을 융통성 있게 바꿔 달라고 요구하거나 아무런 대가 없이 무언가를 요구함으로 신을 모욕하지 않는다. 그래서 그들의 기도는 거의 전부 응답을 받는다. 그들이 자신을 신에게 완전히 내맡겼기 때문이다. 그들은 다른 사람의 물질적 소유를 탐내지 않는다. 자신이 필요한 모든 것을 얻는 더 나은 방법을 알기 때문이다. 그래서 필요한 것을 남보다 먼저 얻는다. 그들은 다른 사람을 부러워하지 않는다. 인생에서 가장 중요한 가치를 다른 사람보다 자신이 더 많이 가지고 있음을 알기 때문이다. 그들은 사람들에게 대가 없이 도움을 준다. 하지만 자신이 도움을 받을 때는 완벽하게 정당한 경우에만 받아들인다.

이런 것들이 정확한 사고를 하는 사람의 특성이다. 당신도 정확하게 사고하는 소수에 속하고 싶다면, 그들을 주의 깊게 연구해 봐라. 이 특성들은 단순하며 이해하기 쉽다. 하지만 쉽게 기를 수 있는 특성은 아니다. 그런 특성을 기르려면 보통 수준보다 더 엄격한 수준으로 자기 훈련을 해야 하기 때문이다. 하지만 정확한 사고가 안겨 주는 보상은 노력할 만한 가치가 있다. 정확한 사고를 통해 가치 있는 것을 많이 얻을 수 있는데 그 가운데는 마음의 평화, 몸과 마음의 자유, 지혜, 자연법칙에 대한 이해, 물질적 필요가 있다. 무엇보다 정확한 사고를 하면 신이 설계하고 유지하고 있는 우주의 위대한 계획과 일치하는 삶을 살 수 있다. 정확한 사고를 하는 사람이 신과 협력 관계를 구축한다는 사실을 부인할 수 있는 사람은 없다.

정확한 사고는 매우 귀중한 자산이며 돈으로 살 수도, 남에게서 빌릴 수도 없다. 그것은 스스로 획득해야 한다. 다양한 분야에서 성공한 남성과 여성의 경험을 수집해 분석하고 검토하면 그들이 자기 훈련을 했다는 것을 알 수 있다. 그러한 엄격한 자기 훈련을 습관으로 삼아야 정확한 사고를 얻는다.

인생을 살면서 자기 혼자만의 생각만으로 사는 사람을 찾기란 어렵다. 자신의 습관을 발전시키며 남의 영향을 전혀 받지 않고 자기 모습 그대로 살기 위해 노력하는 사람은 별로 없다. 대부분 사람은 다른 사람을 모방한다. 많은 사람이 진정한 자기 모습을 유지하기보다 주변 사람들에게 뒤처지지 않으려고 전전긍긍한다. 당신 주변의 사람들을 자세히 관찰해 보고 그들의 습관을 자세하게 연구해 보면, 그들 대부분은 정말로 자기 생각이라고 할 만한 생각은 조금도 하지 않고 다른 사람의 삶을 짜 맞춰 모방하고 있다는 사실을 알 수 있을 것이다. 대부분 사람은 다른 사람을 따라가며 그들의 생각과 습관을 받아들이고 그대로 행동한다. 마치 목초지에 있는 양이 다른 양들의 뒤를 쫓아 정해진 길을 따라가는 것과 비슷하다. 아주 드물지만 정확한 사고를 하는 일부 사람이 무리에서 떨어져나와 자신만의 생각을 하며 용기 있게 자기의 진정한 모습으로 살아간다. 그런 사람을 찾아서 지켜볼 때 당신은 정확한 사고를 하는 사람과 마주하는 것이다.

이제 습관과 사회적 유전 이 두 가지 중요한 원칙이 무엇을 밝혀 주는지 검토해 보자. 모든 생명체가 환경의 지배를 받아들일 수밖에 없는 건 자연법칙이다. 이 법칙은 수정되거나 변형되지 않으며 누구도 이 법칙에서 빠져나갈 수 없다. 이를 '사회적 유전'이라고 부르며, 이것을 통제된 습관과 결합하면 엄청난 유익을 얻을 수 있다 자발적인 습관은 모두 통제할 수 있다는 점을 기억하자.

이제 체계적으로 생각하는 방법에 대해 이야기해 보자. 우리는 자기 생각을 어린아이도 이해할 수 있는 간단한 용어로 설명하는 연습을 해야 한다. 우리는 창의적인 생각의 힘이라는 가장 놀라운 기적에 접근하고 있다. 이 힘을 통해 생각에서 피어나는 다양한 자극들을 신체적, 재정적, 영적 힘으로 바꿀 수 있다. 성공 철학에서 가장 심오한 부분이 있다면 바로 이 부분인데, 인간의 모든 성공 배후에 있는 힘의 진정한 원천을 다루고 있기 때문이다. 인류의 불행에 대한 상당 부분에 대한 책임은 생각의 힘에 대해 무지해서 그 힘을 사용하지 않은 데 있다. 그 힘을 어떻게 활용하냐에 따라 성공이냐 실패냐가 결정된다.

이 점을 익숙한 비유를 통해 상상해 보자. 생각의 힘에 물리적 형태가 있다고 가정하고 그것을 사진으로 찍는다고 해 보자. 정신은 카메라의 감광판이고, 통제된 습관은 렌즈다. 이 렌즈를 통해 원하는 대상을 사진으로 찍을 수 있다. 감광판은 빛을 받아 렌즈를 통해 들어온 모든 피사체를 기록한다. 감광판은 그곳에 들어오는 대상을 고르거나 선택하지 않는다. 렌즈를 통해 들어오는 피사체를 무조건 찍는다. 이때 선명한 사진을 찍으려면 렌즈의 초점을 잘 맞춰야 하며 피사체는 적절한 빛을 받아야 한다. 이 모두는 카메라를 조작하는 사람의 기술과 정확도에 달려 있다. 따라서 사진을 찍는 사람은 통제된 습관으로 사진을 찍는다.

이제 카메라에서 인간의 뇌로 장면을 옮겨 보자. 그 둘의 작용이 얼마나 완벽하게 비슷한지 관찰할 수 있다. 뇌는 카메라 감광판의 역할을 한다. 개인은 자신의 뇌세포에 기록되기를 바라는 대상을 고른다. 그 대상을 '명확한 주요 목표'라고 한다. 그는 자신의 뇌가 목표의 모든 세부사항에 대한 명확한 이미지를 찍기를 원한다. 그래야 그 목표를 기록해 잠재의식에 전달하고 잠재의식은 모든 자연적인 수단을 이용해 그 목표를 물리적인 대상으로 바꾸기 위한 활동을 시작하기 때문이다. 그는 통제된 습관을 통해 자신이 바라는 것의 명확한 이미지를 의식에 계속 투사한다. 날마다 통제된 습관으로 그 이미지를 정신에 반복해서 그리는 것이다. 정확한 사고를 하는 사람은 늘 그렇게 한다. 그렇게 정신이 명확한 이미지에 반복적으로 노출되면 정신적 자극에 충분한 시간이 주어져 그 이미지가 정신에 분명히 기록된다는 것을 알기 때문이다. 이때 빛의 양은 적절해야 한다. 즉 뇌가 명확한 목표라는 생각의 윤곽과 세부적인 모든 부문을 선명하게 찍으려면 감정과 이성이 적절한 비율로 혼합되어야 한다.

물리적인 대상으로 얻고 싶은 것의 명확한 이미지를 뇌에 전달하려면 중요한 4단계를 밟아야 한다. 이 단계는 모두 따라 하기 수월하며 개인이 통제할 수 있다. 첫 번째 단계는 명확한 주요 목표 설정, 두 번째 단계는 목표 달성을 위한 실질적인 계획 수립, 세 번째 단계는 목표 달성에 필요한 경험과 기술 그리고 영향력이 있는 사람과 마스터 마인드 연합 결성, 네 번째 단계는 즉각적이고 지속적인 행동으로 계획을 수행하는 것이다.

생각은 감정, 즉 가장 강력한 믿음의 감정으로 뒷받침되어야 하는데, 다음 8가지 원칙을 적용할 때 감정이 생각을 지원할 수 있다.

**1 명확한 목표** : 명확한 동기에 근거한 목표를 세우고 그것을 달성하려는 열망을 키움으로 이 원칙을 적용하기 시작하라.

**2** **마스터 마인드 연합** : 이 원칙을 통해 목표 달성에 도움이 되는 교육과 기술, 경험을 가진 사람과 연합하라.

**3** **자기 주도성** : 목표 달성을 위해 주도성을 발휘하고 계획을 수행함으로 이 원칙을 적용하라.

**4** **창의적 시각** : 이 원칙을 활용해 목표 달성을 위한 마스터 마인드 연합의 구성원을 선택하고 창의적인 계획을 세우는 데 상상력이라는 정신 기능을 발휘하라.

**5** **자기 훈련** : 정신의 모든 기능이 목표 달성을 위해 조직되어 움직이게 하고, 난관에 봉착했을 때 포기하지 않으려면 자기 훈련이라는 원칙을 적용해야 한다.

**6** **행동하는 믿음** : 이 원칙을 통해 희망과 자기 신뢰를 키워라. 그러면 틀림없이 계획을 지속적으로 수행하게 되고 필요한 지혜를 얻을 수 있는 무한한 지성에 접근할 수 있다.

**7** **매력적인 성격** : 매력적인 성격의 원칙을 적용해 저항을 최소한으로 줄인 상태에서 자신의 아이디어나 계획에 동의하도록 다

른 사람을 설득하고 그들의 협력을 끌어내라.

**8 한층 더 노력하는 습관** : 이 원칙을 통해 우호적인 연합을 구축하고 다른 사람의 협력을 요구하는 권리를 얻어라. 당신이 한층 더 노력하는 모습을 보이면 사람들은 당신에게 협조하고 싶은 마음이 생긴다.

정확한 사고를 바탕으로 이 8가지 원칙을 조화롭게 활용하면 인류에게 알려진 사고 중 가장 높은 수준의 사고를 체계적으로 발휘할 수 있다. 당신이 두려움이나 걱정 등 모든 감정을 긍정적인 힘으로 전환하는 능력을 획득했다고 해 보자. 그런 당신이 명확한 목표를 달성하는 일에서 거듭 패배하는 게 가능이나 하겠는가? 체계적인 사고가 하는 일이 바로 그런 일이다. 체계적인 사고는 정신의 모든 기능을 조직적으로 다스려 믿음을 발휘하게 한다. 위대한 철학자는 "생각이 곧 실체다."라고 말했다. 반복해서 말하자면 생각은 신에게 부여받은 인간이 완벽하게 통제할 수 있는 유일한 힘이다.

좋든 나쁘든 모든 사실을 인식할 능력이 있는 진리 추구자인 자신의 모습을 그려 보라. 당신은 전해들은 소문 이야기에 영향을 받지 않는다. 당신은 자신의 감정의 주인이다. 그래서 목표를 달성하기 위해 생각을 체계적으로 관리할 수 있다. 이제 다음 문장을 하루에 여러 번 생각하고 반복해서 말해 보자.

"나는 내 생각과 감정을 체계적으로 다스려
목표 달성을 위한 긍정적인 추진력을 만들 수 있다."

# 성공의 열다섯 번째 원칙

# Philosophy of Success

# 건강한 신체

이번 장의 주제가 질병에 대한 논문이나 질병의 치료책에 대한 논의는 아니다. 이 장의 목적은 당신의 정신이 건강한 의식으로 깨어 있게 하는 것이다. 당신도 알다시피 신체는 정신이 머무는 장소로, 신이 주신 성전이다. 인간의 신체는 이 세상에서 가장 완벽한 메커니즘으로 작동하며 사실상 스스로 유지되는 기능이 있다. 신체에는 신경계의 중심이자 신체의 모든 활동을 관장하고 모든 감각을 수용하는 역할을 하는 뇌가 있다. 이 기관은 아직 과학이 설명하지 못한 방법을 통해 모든 지각과 지식, 기억을 우리가 생각이라고 알고 있는 새로운 패턴으로 조직한다.

몸과 마음은 매우 밀접하게 관련되어 있어서 서로 영향을 주고받는다. 뇌는 신체의 '수의운동voluntary movement, 자신이 마음먹은 대로 하는 운동’에 더해 호흡, 심장박동, 소화, 혈액순환, 신경 에너지 분포와 같은 잠재의식을 통해 일어나는 ‘불수의운동involuntary movement, 자신의 뜻대로 억제할 수 없는 운동’을 관장한다. 뇌는 모든 지식의 저장소이며 환경과 생각의 영향력을 해석한다. 뇌는 인간의 신체에서 가장 강력하면서도 가장 이해할 수 없는 기관이다. 뇌는 의식과 무의식이 머무는 곳이다. 하지만 뇌에서 생각을 만들어내는 에너지와 지성의 원천은 거대한 우주 저장소인 무한한 지성이다. 여기에서 에너지가 흘러나와 인간의 뇌로 들어간다. 인간의 뇌는 이 거대한 에너지를 받아서 나눠 주는 역할만 할 뿐이다.

몸과 마음의 관계는 건강과 많은 관련이 있다. 뇌는 신체의 화학 작용을 관장하는 일류 기관이다. 위로 들어온 음식은 분해되고 소화되어 액화된 상태로 혈류를 타고 신체의 각 부분으로 분배된다. 그러면 신체의 각 기관은 그것으로 손상된 세포를 보수하고 유지한다. 이 모든 작용을 뇌가 자동으로 수행한다. 이런 과정이 의지와 관계없이 자율적으로 일어나지만 여기서 개인의 역할도 있다. 우리는 뇌를 도와 자신의 건강을 유지하는 데 한몫할 수 있다. 많은 신체적 질병이 정신적이고 감정적인 문제 때문에 생기거나 악화한다는 점을 생각해 보자. 그런 질병은 대부분 정신과 감정을 스스로 통제함으로 예방할 수 있다. 이를 위해 지금부터 실용적인 프로그램을 제시할 것이다. 이 훈련을 잘 따라 할 용기와 결단력,

자제력이 있는 사람이라면 큰 도움이 되리라 확신한다.

건강한 신체는 건강 의식에서 시작한다. 재정적 성공이 번영 의식에서 시작하는 것과 마찬가지다. 번영 의식 없이 재정적으로 성공하는 사람은 없고, 건강 의식 없이 신체적 건강을 누리는 사람도 없다. 이 말을 진지하게 생각해 봐야 한다. 건강한 신체에 대해 가장 유익한 진리를 전달하는 말이기 때문이다. 건강 의식을 유지하려면 질병이 아닌 건강을 생각해야 한다. 프랑스 심리학자 에밀 쿠에Emile Coue는 건강 의식을 유지하는 데 도움이 되는 간단하지만 실용적인 공식을 단 한 문장으로 세상에 전했다.

"나는 날마다 모든 면에서 점점 나아지고 있다."

그는 잠재의식이 이 문장을 알아채고 받아들이며 건강이라는 형태의 타당한 결과물을 만들어낼 때까지 그 문장을 하루에 수천 번 반복해서 말하라고 권했다. 많은 사람이 쿠에의 공식을 믿고 받아들여 그의 조언대로 성심껏 따라 했다. 그리고 그 행동이 기적 같은 결과를 낳는 것을 보았다. 그 공식 덕분에 그들은 건강 의식의 길로 들어설 수 있었기 때문이다.

긍정적인 사고방식을 유지해서 두려움과 걱정을 제거하라. 건강한 의식을 유지하려면 두려움과 걱정이 당신의 삶에서 차지할 자리가 없어야 한다. 그런 감정들은 건강을 해치기 때문이다. 감정을 통제하는 습관을 익혀라. 악의와 복수심, 원한 같은 감정은 혈액에 독소를 만들어낸다. 그러니 언제나 긍정적인 사고방식을 유지해야 한다. 그래야 신체에 유익한 작용이 생긴다. 긍정적이든 부정적이든 모든 생각 에너지는 신체의 모든 세포에 전달되어 세포가 활동하는 에너지로 축적된다. 소화되어 혈류로 보내진 음식물의 입자는 신체의 화학 작용을 통해 생각 에너지와 섞이기 때문에 생각 에너지는 신경계와 혈류를 따라 신체의 세포에 전달된다.

합리적인 관점에서 보면 질병 대부분은 자연법칙에 복종하지 않아서 생긴 결과다. 복종하지 않은 대가로 고통을 지불해야 하기 때문이다. 고통에는 목적이 있다. 고통은 삶의 습관을 바꿔야 한다는 경고를 뜻하기 때문이다. 몸에 좋은 음식을 적당히 먹는 방법을 배운다면 건강한 삶의 가장 중요한 비밀을 깨우친 것이다. 나아가 다음의 요소들은 우리가 삶을 온전히 즐기도록 보장해 준다.

- 바른 자세 : 좋은 자세가 멋진 외모보다 더 낫다. 바른 자세는 그 사람이 전체적으로 건강하다는 인상을 주며 완벽하고 균형 잡힌 활동을 하고 있음을 암시한다. 건강을 진정으로 원하는 모든 사람에게 바른 자세는 대단히 중요하다. 바른 자세는 건강 증진에, 나쁜 자세는 건강 악화에 기여한다. 이 견해의 근거는 인체의 역학에 있다. 바른 자세는 신체의 골격이 자연이 의도한 위치에 있다는 뜻이다.

그러면 신체 기관이 정상적인 위치에서 작용한다. 이는 신경과 혈관이 장기를 튼튼하고 건강하게 유지하는 최상의 조건임을 의미한다.

- **건강에 좋은 음식** : 우리의 몸은 우리가 먹은 것으로 만들어진다. 성장과 치료에 필요한 성분들을 신체에 공급해 줄 때 수명이 연장되고 건강과 활력, 삶의 기쁨을 누릴 수 있다. 우리가 먹는 음식의 첫 번째는 공기고, 두 번째는 물이며, 세 번째는 비타민과 미네랄처럼 음식에 있는 살아 있는 성분이다.

- 공기 : 숨을 잘 쉬려면 서 있을 때든 걸을 때든 앉아 있을 때든 허리를 곧게 세워야 한다. 몸이 구부정하면 폐가 있는 공간이 좁아져 폐를 완전히 부풀릴 수 없고, 호흡을 조절하는 근육이 잘 움직이지 못한다. 숨을 배에서부터 끌어 올려 입으로 내뱉는 호흡을 할 때 폐 전체를 움직일 수 있다. 깊은 호흡이 습관이 될 때까지 연습하라. 숨을 완전히 들이쉬고 모두 내쉬는 방법을 배워라.

- 물 : 우리가 호흡하는 공기 다음으로 중요한 음식물은 물이다. 물은 혈액의 절반을 차지하고 음식의 영양소를 모든 세포에 전달하는 역할을 한다. 신체에 물이 충분하지 않으면 건강에 해롭다. 매일 아침 일어나자마자 물 한 잔을 마시고, 식사를 하면서 한 잔

마시고, 다음 식사를 하기 전에 한두 잔의 물을 마시는 게 좋다.

- **비타민과 미네랄** : 음식은 3가지 뚜렷한 방법으로 신체에 기여한다. 첫째, 신체 에너지에 필요한 연료를 공급한다. 둘째, 신체의 기관과 조직을 생성하고 유지하는 재료를 제공한다. 셋째, 신체를 보호하는 물질을 제공한다. 그중 비타민과 미네랄은 신체 기능을 조절하고, 음식의 다른 영양소들이 적절히 활용되게 만들고, 신체에서 자체적인 물질이 생성되게 한다. 적당한 양의 해산물과 고기와 함께 다양한 과일과 신선한 채소, 통곡물, 우유를 포함한 식단은 신체가 필요한 미네랄을 공급해 준다. 이런 음식은 비타민의 훌륭한 공급원이기도 하다. 이 음식들이 신체를 좋은 영양 상태로 유지하는 데 필요한 비타민과 무기질 이 두 가지를 모두 담당한다. 당신의 식단에 비타민과 미네랄이 적당히 포함되어 있는지 의사와 상담해라.

- **식습관** : 다음 제안에 따르면 누구나 소화력을 개선할 수 있다. 첫째, 음식은 꼭꼭 씹어서 삼켜야 한다. 둘째, 소화를 잘 시키려면 음식이 맛있어야 한다. 셋째, 적당한 양의 음식을 먹어야 한다. 넷째, 식사 직후 격렬한 신체 운동은 삼가야 한다. 다섯째, 과일과 채소가 적절한 비율로 섞인 균형 잡힌 식단으로 음식을 먹어

야 한다. 여섯째, 음식을 먹을 때는 마음도 편안해야 한다. 화를 품은 채 혹은 두려움이나 걱정에 휩싸인 채 식사를 해서는 안 된다. 식사 중 대화는 유쾌해야 하며 너무 진지해서도 안 된다. 가족 간의 논쟁이나 자녀 훈육도 식사 중에 해서는 안 된다. 식사 시간에는 마음의 부정적인 상태를 모두 없애야 한다. 식사 시간은 추악한 표현과 부정적인 생각이 난무하는 시간이 아니라 모든 생명체에게 필요한 요소를 충분히 충족해 주신 신에게 감사를 표현하는 시간이어야 한다.

- 이완 : 이완은 몸과 마음을 완전히 내려놓는 것을 말한다. 특히 정신에서 걱정과 두려움, 불안을 모두 없애는 것이다. 몸과 마음을 습관적으로 이완시키고 모든 자발적인 노력에서 벗어나는 시간이 하루에 적어도 한 시간은 있어야 한다. 일하는 동안에도 긴장을 푸는 방법을 배워라. 근육을 최대한 이완시켜라. 그러면 일이 더 수월해지고 신경계의 에너지 소모가 줄어들 것이다.

낮에 30분 정도의 짧은 시간이라도 누워서 쉬면 수명을 연장할 수 있다. 피로를 피하라. 피로는 살인자다. 피로는 신경계를 손상시키고 노화의 시작을 앞당기는 독소를 만들어낸다. 피곤함이 느껴지면 신속하고 철저하게 휴식을 취하라. 기진맥진한 상태가 될 때까지 자신을 몰아붙이는 일은 스스로 재난을 초래하는 것이다.

● **편안한 수면 :** 수면은 생명의 가장 중요한 기능 중 하나다. 셰익스피어Shakespeare는 잠에 대해 '대자연의 욕조'이며 '인생이라는 연회에서 베풀어지는 최고의 영양소'라고 말했다. 의사들은 사람이 하루에 잠을 몇 시간 자야 하는지에 대한 질문을 자주 받는다. 펜실베이니아 피츠버그의 저명한 과학자 슈타인바흐Steinbach 박사는 이 주제에 대해 탁월한 논문을 발표했다. 일부를 인용하면 다음과 같다.

"연령에 따라 요구되는 수면 시간: 21세에서 50세의 성인은 하루에 8시간의 규칙적인 수면 습관을 기르는 것이 가장 좋다. 노인은 잠을 덜 잔다는 생각이 널리 받아들여지고 있지만, 이는 그들이 휴식을 덜 취해도 된다는 말이 아니다. 50세 이후에는 10시간 이상을 수면과 휴식에 나눠 써야 한다. 60세 이후에는 하루에 적어도 12시간을 수면과 휴식에 써야 한다. 단 노년의 정신 활동은 신체 활동만큼 에너지를 고갈시키지는 않는다. 아동기와 청소년기의 수면 시간은 하루 10시간에서 12시간이 되어야 한다."

현대인은 해야 할 일이 아주 많다. 그 일들을 모두 하기 위해 사람들은 휴식 시간을 줄이는 경향이 있다. 이에 대해 거의 모든 전문가는 건강을 서서히 위협하는 신호로 본다.

잠자리에 들 준비를 하면서 옷을 걸어둘 때 걱정, 문제, 두려움, 불안도 모두 함께 걸어두고 편안한 수면을 위해 마음을 편안하게 하고 긴장을 푸는 데 집중하라. 바닥에 등을 대고 누워서 양손을 몸 옆에 두어라. 키를 쭉 늘려보며 근육을 이완시켜라. 이 동작을 몇 분간 하면 신체의 다른 부분이 잠들 준비에 들어간다.

자가 진단으로 약물을 복용하는 습관은 피해야 한다. 자연은 인간에게 건강 유지를 위한 매우 좋은 약을 제공해 주었다. 하지만 그 약을 미네랄이라는 자연의 상태로 과일과 채소에 담아 두었다. 이런 모든 미네랄을 알약이나 음료의 형태로 섭취할 수 있지만 땅에서 자란 음식을 통해 자연의 형태로 섭취할 때 미네랄은 자연의 목적에 맞게 제 역할을 다 하는 것 같다.

더욱이 무한한 지성은 모든 개인에게 건강 유지를 위해 필요한 각종 미네랄의 정확한 비율을 알고 있는 전문 화학자를 보냈다. 그것은 바로 자연으로, 대부분 경우 의사는 질병을 치료하는 일에서 자연에 협조할 뿐이다. 진통제는 결코 질병을 치료하지 못한다. 당신이 진통제를 허용하면 일시적으로 고통이 줄어들어 자연의 경고를 무시하게 된다. 당신의 신체가 어떻게 기능하는지 알아보고, 체질과 습관을 고려해 어떤 음식의 조합이 적합한지 연구하라. 절제하는 식습관을 길러라. 어떤 습관이든 그 습관을 기르려면 자기 훈련을 해야 한다. 그렇게 하면 신에게 가장 높은 수준의 감사함을 표현하는 것이다.

- 단식 습관 : 단식의 효과는 체중 조절만 있는 게 아니다. 인간보다 지능이 낮은 동물은 모두 병에 걸리면 사실상 단식에 의존한다. 단식은 몸과 마음에 필요한 휴식을 제공한다. 단식은 무절제한 습관 때문에 혹사당하거나 기능을 제대로 발휘하지 못한 기관들, 이를테면 심장과 신장을 포함해 위나 다른 장기에 기능을 회복할 시간을 준다. 몸이 굼뜨고 둔해졌다거나 활력이 없다는 느낌이 들 때면 하루에서 3일 정도의 짧은 단식을 하면 좋다. 때로는 단 하루 단식하는 것만으로도 몸에 기적 같은 효과를 얻을 수 있다.

자신의 건강을 잘 돌보라. 건강하다면 신에게 찬양을 드리고 자신의 건강을 선한 양심 다음으로 중요하게 여겨야 한다. 건강은 유한한 인간이 활용할 수 있는 두 번째 축복이자 돈으로 살 수 없는 축복이다. 몸과 마음에서 완벽한 건강을 누리는 자신의 모습을 상상하라. 좋은 음식, 휴식, 이완, 완벽한 건강 의식을 예리하게 자각하라. 이제 다음 문장을 반복해서 말해 보자.

"나의 정신과 신체는 완벽하게 건강하다.
나는 건강을 잘 유지하기 위해 할 수 있는 모든 일을 한다."

# 성공의 열여섯 번째 원칙

# Philosophy of Success

# 협력

사랑과 우정처럼 협력도 베풂으로 받는다. 해피 밸리로 가는 길에는 많은 동료 여행자가 있다. 당신은 그들의 협력이 필요하고 그들도 당신의 협력이 필요하다. 오늘날 우리의 협력은 우리의 자녀와 다른 사람의 자녀를 위해 이 땅을 더욱 살기 좋은 나라로 만들어 줄 수 있다. 우리의 자녀들은 산더미 같은 국가 부채가 아닌 다른 것을 받을 권리가 있다. 성공 철학을 정립한 사람들 덕분에 당신은 그 철학을 배워 활용한다는 점을 기억하라. 또한 당신 뒤를 이을 사람들에게 당신이 빚을 지고 있다는 점도 기억하라. 세계는 영원히 지속해야 한다. 우리의 자유 기업 시스템은 보존되어야 하며, 민주주의 형태는 보호받아야 한다. 우리의 학교와 교회는 견고한 기반 위에 있어야 하며, 우리의 재정적 수입의 원천은 우리의 뒤를 잇는 사람들의 이익을 위해 안전하게 보존되어야 한다. 이전 세대가 우리를 위해 보존해 놓은 것처럼 말이다.

이제 성공한 사람이 팀워크의 원칙을 이해하고 적용함으로 어떻게 이익을 얻었는지 그 방법에 주의를 돌려보자. 우리는 물리적 세계에서 살아간다. 그리고 우리의 주된 책임 중 하나는 경제적 안정을 획득하는 동시에 다른 사람들을 위한 가교 역할을 하는 것이다. 팀워크와 우정은 시간과 노력이라는 면에서 비용이 거의 들지 않으며 그에 반해 엄청난 보상을 안겨 준다. 돈만이 아니라 인생에서 더 좋은 것들을 팀워크와 우정을 통해 얻을 수 있다. 팀워크와 우정은 그 정신을 발휘하는 모든 사람에게 해피 밸리로 가는 길에 등불을 밝혀 준다. 또한 이 정신은 '삶의 12가지 탁월한 부'인 긍정적인 사고방식·건강한 신체·인간관계의 조화·공포에서의 자유·성취 희망·믿음을 지니는 능력·축복을 기꺼이 나눠 주는 마음·사랑의 노동·모든 주제에 열린 마음·자기 훈련·사람을 이해하는 능력·재정적 안정을 얻게 해 준다. 정말 '탁월한 부'라고 할 수 있다. 이 부들 하나하나가 '팀워크'라는 한 단어와 결부되어 있다. 탁월한 부의 항목은 모두 협력이라는 원칙과 직접적인 관련이 있다는 말이다. 우정의 정신으로 협력하는 방법을 배워라. 그러면 탁월한 부의 모든 항목을 달성하는 일을 잘 해나가게 될 것이다.

에드윈 반스Edwin C. Barnes는 위대한 발명왕 에디슨Edison과의 동업을 자랑스럽게 생각했다. 그가 에디슨과 함께 일을 시작한 지 몇 년이 지난 후 그는 자신의 경험을 이야기하며 위대한 발명가와 동업을 하니 1년에 1만 2,000달러의 수익을 올렸다고 말했다.

반스의 친구는 놀라서 "뭐라고?" 하며 큰소리로 외쳤다. 그리고 계속 말했다.

"위대한 에디슨의 동업자가 1년에 1만 2,000달러밖에 못 벌었다고? 아니, 도대체 왜 그것밖에 못 번 거야? 내게 그런 기회가 있었다면 그 10배를 벌었을 거야."

친구의 반응은 반스의 예상을 완전히 빗나갔다. 하지만 반스는 가까스로 침착함을 되찾고 어떻게 10배를 벌 수 있냐고 물었다.

"어떻게 그렇게 할 수 있는지 그 방법을 알려 줄게. 자네가 '에디폰Ediphone'이라고 하는 에디슨의 녹음기를 판매하잖아. 그러면 자네는 자연스럽게 그 분야에서 세일즈맨으로서 영향력을 갖는 거지. 내가 그 자리에 있다면 나의 판매 직원들과 그 녹음기와 관련된 상품을 판매하는 세일즈맨 사이에 우호적이고 협력적인 협정을 맺을 거야. 녹음기를 구매하는 사업가는 타자기, 책상, 서류 캐비닛, 인쇄기, 계산기, 금전 등록기, 사무용품, 일반적인 사무 집기도 사용하지. 따라서 나의 세일즈 조직이 다른 사무용품 분야의 세일즈맨과 협정을 맺으면 서로 이익을 주고받을 수 있지. 나는 나의 판매 직원들에게 일반적인 사무용품의 판매 현장을 유심히 살펴서 그런 상품의 잠재 구매자의 이름을 알아오라고 시키겠네. 그리고 그 명단을 다양한 사무용품을 판매하는 세일즈맨에게 넘기고 그 대가로 그들로부터도 잠재 구매자의 명단을 받는 거지. 다시 말해, 사무용품을 판매하는 세일즈맨은 나의 판매 직원에게 에디슨의 녹음에 대한 수요가 있는 회사의 명단을 제공하고, 나의 판매 직원은 그들에게 사무 집기의 수요가 있는 회사의 명단을 제공하는 거야. 이런 팀워크는 카드에 이름을 적어서 건네주는 시간 외에는 아무런 비용이 들지 않지. 그러면서 양쪽 세일즈 조직은 고객으로 끌어들일 수 있는 잠재고객을 제공받는 거야. 친구, 이제 이해되나?"

반스는 이렇게 대답했다.

"알겠네. 그렇게 해 보겠네."

즉시 고무적인 결과가 나타났다. 반스의 수입은 급속도로 증가하기 시작해 연 수입이 1만 2,000달러에서 10배를 훨씬 넘어서는 수준에 도달했다. 우호적인 협력이란 것에 특허권이라도 있어서 반스가 그것을 계획하려면 누군가의 허락을 받아야 하는 것도 아니었다. 또한 자신의 필요에 맞게 계획을 세우기 위해 엄청난 기술이나 경험이 필요한 것도 아니었다. 하지만 잘 알려진 대로 높은 수준의 성공은 이렇게 간단한 팀워크 덕분이다.

앤드루 카네기는 마스터 마인드 연합을 통해 다른 사람과 협력해 팀워크를 발휘했기 때문에 자신이 거대한 부를 축적할 수 있었다고 수없이 말했다. 앤드루 카네기와 찰스 슈와브Charles M. Schwab의 연합은 두 사람이 명확한 목표를 향해 협력할 때 얼마나 큰 유익을 얻을 수 있는지 보여 주는 탁월한 사례였다. 카네기는 슈와브를 날품팔이라는 낮은 지위에서 끌어올려 위대한 산업 리더가 되는 기회를 만들어 주었다. 재정적 보상은 덤이었다. 그리고 슈와브는 카네기의 오른팔이 되어 그가 거대한 산업 제국을 건설하는 것을 도왔다. 이들이 건설한 산업 제국은 고용을 창출함으로 수백만 명의 남성과 여성에게 직간접적인 혜택을 주었다.

팀워크 정신이 지배하는 곳이라면 어떠한 사업이나 산업도 성공은 필연적이다. 이제 메릴랜드의 볼티모어로 가 보자. 그곳에는 차와 향신료를 생산하고 수입하는 맥코믹 앤 컴퍼니McCormick and Company라는 회사가 있다. 지금부터 그 회사의 경영 방식을 들여다보자. 경영진과 직원이 사업에 함께 참여하는 계획은 '멀티플 매니지먼트multiple management, 고용인을 정책 결정에 참여하도록 하는 경영 방식'로 알려져 있으며, 그것은 회사의 팀워크 정책을 설명하는 하나의 표현이다. 멀티플 매니지먼트를 자세히 알아 보기에 앞서 이 경영 방식의 이점에 대해 몇 가지를 살펴보자. 멀티플 매니지먼트는 모든 직원에게 어떤 환경에서든 최선을 다하도록 명확한 동기를 부여하여, 어떤 직책에든 자신의 공로로 승진할 기회를 제공한다.

우선 멀티플 매니지먼트는 회사의 모든 구성원에게 명확한 주요 목표, 즉 회사의 성공에 기여하려는 강한 열망을 갖도록 고무한다. 그런 열망을 키운 구성원들은 모든 두려움에서 벗어나 자기표현을 함으로 자기 신뢰가 상승한다. 그래서 회사 내부에서나 외부에서나 정정당당한 스포츠맨십을 발휘하게 된다. 멀티플 매니지먼트는 구성원들에게 책임감을 지려는 의지를 갖게 하고 자기 주도성을 발휘하게 함으로 그들의 리더십을 빌진시킨다. 그리고 경영진과 직원 사이에 팀워크를 장려하며 책임을 회피하거나 남에게 책임을 떠넘기는 경향을 없애 준다.

멀티플 매니지먼트는 기민한 정신과 예리한 상상력을 키운다. 또한 개인의 야망이 회사와 관련된 사람에게 큰 유익이 되기만 하면 그런 야망을 적절하게 표출할 수단을 제공한다. 멀티플 매니지먼트는 모든 구성원에서 소속감을 주며 누구나 자신의 공로를 인정받을 수 있게 한다. 그러면 당연히 직원들 사이에 신뢰가 커지며 회사에 대한 충성심이 자란다. 서로에 대한 충성심도 커져 노사 분규는 딴 세상 이야기가 된다. 멀티플 매니지먼트를 통해 직원들은 자신의 재능과 독창성, 창의적 시각을 모두 쏟아부어 회사에 최대의 유익을 안겨 주고, 회사는 직원의 가치에 걸맞은 보상을 준다.

멀티플 매니지먼트에 대해 로버트 리틀Robert Little이 〈리더스 다이제스트Reader's Digest〉에 기고한 내용을 살펴보자.

'며칠 전에 야심 차고 능력 있는 젊은 친구가 내게 한 말은 수많은 미국 기업의 운영 방식에 대한 의미심장한 비판처럼 들렸다. 그의 말은 우리 모두가 거듭해서 들었거나 개인적으로 느꼈던 불만의 메아리였기에 더욱 의미심장했다. 그 친구는 이렇게 말했다.

"나는 회사에 기여할 게 있는데 회사는 그것을 원치 않는 것 같습니다. 경영진은 내가 닿을 수 없는 저 구름 위 어딘가에 있어요. 처음에는 다양한 아이디어를 내며 제안을 했지만, 곧 나는 입 다물고 시키는 일만 해야 한다는 것을 알게 됐습니다. 사장님은 직원들에게 자주 하는 연설을 하며 충성을 요구하죠. 엘리베이터에서 나를 보면 내가 누군지도 모르면서 그런 요구를 하는 겁니다. 충성이 무슨 일방통행인 것처럼 말이죠. 내 임금이 약간 인상됐지만, 그건 내가 구걸하다시피 해서 얻은 겁니다. 회사는 마지못해 임금을 인상해 준 거죠. 하지만 나는 그저 돈을 원하는 게 아닙니다. 나는 돈보다 인정과 자유, 회사 일에 진정으로 참여한다는 느낌을 원합니다. 상관의 무관심이 우리 하급자들을 될 대로 되라는 식의 태도에 빠지게 만듭니다. 그런 분위기가 농성보다 회사에 더 해롭다고 생각합니다."

맥코믹 앤 컴퍼니에서는 그런 불평이 생길 리 없었다. 일반적으로 중앙집권화된 회사의 경영진은 종종 직원들에게 에너지와 주도성, 열정이 숨어 있다는 것을 무시하고 넘어간다. 하지만 맥코믹 앤 컴퍼니는 멀티플 매니지먼트를 통해 그 숨어 있는 원천을 활용하는 방법을 알아냈고, 회사에서 일하는 직원들의 머리뿐만 아니라 마음도 얻는 방법을 배웠다. 차와 향신료를 생산하는 이 회사는 43년 동안 설립자이자 천재적인 인물인 윌러비 맥코믹Willoughby M. McCormick이 경영했다. 1932년에 그가 사망하자 그의 조카 찰스 맥코믹Charles P. McCormick이 그 뒤를 이었다. 젊은 맥코믹은 17년 동안이나 후계자 훈련을 받았는데도 자신이 혼자서 최종 결정권자의 역할을 할 수 없다고 느꼈다. 그는 책임지는 방법을 배울 수 있는 사람들과 책임을 나누고 싶었다. 그는 타성에 젖은 조직에 독립성을 회복시켜야 한다고 생각했다. 또한 제일 높은 자리에 있는 한 사람에게 너무 오랜 시간 'YES'만 외쳐 자신을 반만 활용하던 사람들의 창의력도 되살려야 한다고 느꼈다. 당시 회사 이사회의 평균 연령은 45세를 넘었고, 그들의 생각은 과거로 물들어 있었다. 뭔가 다른 것이 필요했다. 그런 필요에 의해 '멀티플 매니지먼트'라는 아이디어가 탄생한 것이다.

맥코믹은 다양한 부서에서 17명의 젊은 남성을 뽑았다. 그리고 그들에게 이렇게 말했다. "여러분은 하급 이사회입니다. 여러분의 임무는 상급 이사회를 보완하고 그들에게 아이디어를 제공하는 것입니다. 여러분의 의장과 총무를 선출하십시오. 회사와 관련된 모든 사안을 토론하십시오. 여러분은 모든 장부를 볼 수 있으며 상사들은 여러분을 넓은 마음으로 받아들일 겁니다. 어떤 제안이라도 하십시오. 단 만장일치로 통과한 제안이어야 합니다."

나는 하급 이사회의 효과를 목격했다. 17명의 젊은 남성이 긴 테이블에 둘러앉아 회사의 발전을 한 단계 더 높이기 위한 아이디어를 너나 할 것 없이 모두 열정적으로 내놓고 있었다. 분위기는 자유로웠다. 많은 농담이 오갔지만, 그 뒤에는 어두운 그림자도 있었다. 1년에 두 번 하급 이사회는 무기명 투표를 시행해 가장 능력이 떨어지는 세 명을 탈락시킨 후 이사 세 명을 새로 선출한다.

이처럼 민주적인 방식으로 회사를 운영해도 결과적으로 보면 회사의 이익은 증가했다. 회사의 경상비가 매출의 12퍼센트로 1929년보다 낮았으며, 노동이직률labor turnover이 1년에 6퍼센트로, 젊은 직원들의 이직률보다 더 낮다. 일반 직원에게는 크리스마스 보너스를 지급하며, 지난 5년 동안 매년 더 많은 보너스를 지급했다. 그리고 최저 임금은 회사의 경영이 정점에 있을 때의 2배이다. 하지만 생산도 34퍼센트 더 증가했다. 회사에 2,000명의 직원이 있지만, 모든 직원의 개성이 철저하게 보호되고 유지되기 때문에 작은 규모의 회사에서처럼 직원 개개인은 자신에게 관심을 끌어모을 기회를 충분히 얻는다. 이렇게 맥코믹은 멀티플 매니지먼트를 통해 대규모 기업이 겪는 심각한 저주 하나에서 풀려났다. 대규모 기업에서는 직원들이 군중에 휩싸여 너무 자주 자신의 정체성을 잃어버린다. 그런 조직에서는 과감하고 공격적인 직원만 사람들의 주의를 끌어 자신을 홍보할 기회를 얻는다. 거의 모두가 알고 있다시피 사람들 대다수는 돈만 바라며 일할 때보다 자신의 공로에 합당한 인정과 칭찬을 받기 위해 일할 때 더 열심히 일한다. 맥코믹의 멀티플 매니지먼트는 산업 정신을 되찾게 해 주었다. 또, 모든 직원이 한층 더 노력하게 하고, 그 노력을 올바른 정신 태도로 하도록 다양한 동기를 부여했다.'

팀워크는 마스터 마인드와는 다르다. 팀워크는 협조를 기반으로 한다. 팀워크에는 마스터 마인드의 두 가지 핵심 요소, 즉 명확한 목표와 조화가 꼭 필요하지는 않다. 팀워크에는 두 가지 종류가 있다. 첫째, 자발적인 팀워크이다. 이런 팀워크는 자발적으로 협조하며 어떤 형태의 강압도 없다. 둘째, 비자발적인 팀워크이다. 이는 공포나 강압, 특정한 필요 때문에 이루어지는 팀워크다. 이런 차이가 협력의 형태가 영구적이고 건설적이냐 아니면 일시적이고 파괴적이냐를 결정한다.

자발적인 팀워크만이 건설적인 결과로 이어지며 조화로운 협력을 통한 영속적인 힘을 보장해 준다. 종종 사람들은 특정한 계획이나 목표를 수행하기 위해, 때로는 경제적 필요 때문에, 때로는 공포 때문에 어쩔 수 없이 협력한다. 하지만 시간이 흘러 협력을 유발한 그 동기가 사라지면 더는 협력을 지속하지 않는다. 팀워크는 강력함을 낳는다. 그 강력함이 일시적이냐 영구적이냐는 협력을 끌어낸 동기에 달려 있다. 자발적으로 협력하려는 동기가 생겨 팀워크가 이루어지고 자발적인 정신이 지배적이라면 그런 팀워크에서 나오는 힘은 계속 지속한다. 만약 공포든 다른 부정적인 요인이든 이런 게 협력을 강요하는 동기라면 그렇게 생긴 힘은 일시적이다. 개인들의 협력을 통해 물리적으로 거대한 힘을 만들어낼 수 있다. 하지만 그 힘의 지속성과 효력, 범위, 강도는 인간의 정신, 즉 무형의 것에서 나온다. 이 정신을 기반으로 사람들은 협력하며 공동 목표를 달성하려고 노력한다. 팀워크 정신이 적극적이고 자발적이고 자유로울 때 강력하고 지속적인 힘을 얻는다.

매우 열정적인 팀에서 열심과 믿음을 가지고 자신감이 넘치며 공동의 목표를 향해 완벽한 조화를 이루는 사람들과 함께 일하는 당신의 모습을 그려 봐라. 이런 팀워크야말로 누구도 깰 수 없는 완벽한 연합이다. 이제 다음 문장을 반복해서 말해 보자.

"나는 뛰어난 팀워크를 이루며
자발적이고 기쁘게 동료들과 협력한다."

# 성공의 열일곱 번째 원칙

Philosophy of Success

# 무한한 습관의 힘

습관을 기르는 법칙은 범위가 매우 광범위하고 위력이 엄청나게 커서 처음에는 이해하기 어려울 수 있다. 이 법칙은 '무한한 습관의 힘cosmic habit force'으로 알려져 있다. 여기서 알 수 있는 것은 습관의 힘이 우주 전체 및 우주를 지배하는 법칙과 관련이 있다는 사실이다.

우주 전체의 질서가 균형을 유지하는 것은 확립된 습관 덕분이다. 습관의 법칙은 살아 있는 물체와 물질의 비활성 입자가 물리계의 습관과 인류의 사고 습관 등에서 발산하는 진동을 충실하게 따르게 만든다. 또 이 법칙은 모든 생명체가 환경의 지배적인 영향을 받게 만든다. 자연과 우주는 질서 있게 조직되어 있다. 어디에서든 질서가 존재한다. 우리가 서 있는 이 작은 행성은 광활한 우주의 다른 행성들과 질서 있게 어우러져 있다. 인간 역시 자기 생각의 원천을 잘 알고 따를 때 다른 인간과 조화롭게 어울린다. 이때 동일한 법칙이 행성 사이에 그리고 인간 사이에 영향을 미친다.

무한한 습관의 힘은 모든 자연법칙을 통제한다. 그것은 다른 모든 자연법칙의 뿌리인 위대한 법칙이다. 무한한 습관의 힘은 무한한 지성의 활동이다. 개인의 사고 습관은 부정적이든 긍정적이든 무한한 습관의 힘에 따라 저절로 고정되어 영구적인 습관이 된다.

물질의 작용과 반작용은 정확한 균형을 유지하며, 창조 요소의 시간과 공간은 영원하다. 여기에 작용하는 힘이 인간의 사고 습관도 다양한 수준의 영속함을 지니도록 만든다. 부정적인 사고 습관은 그 생각의 본질과 일치한 물리적인 현상을 끌어당긴다. 이는 도토리의 싹이 나서 오크 나무로 성장하는 자연법칙처럼 완벽하고 필연적이다. 똑같은 법칙의 작용으로 긍정적인 사고는 우리를 둘러싼 광활한 잠재력의 바다에 도달해 그 생각의 본질과 일치한 물리적인 현상을 끌어당긴다.

어떤 생각이나 행동을 반복적으로 하면 그것이 사고 패턴이 된다. 무한한 습관의 힘은 이 패턴을 인식해 그것을 거의 영구적인 것으로 만든다. 그 사고 패턴을 의식적으로 다시 배열하지 않는 한 패턴은 지속한다. 우리의 정신에 생긴 긍정적인 감정이나 열망을 그에 상응하는 물리적인 현상으로 바꾸기 위해 무한한 습관의 힘을 사용하는 방법이 있다. 믿음이 생길 때까지 그 감정이나 열망을 더욱 강렬하게 만드는 것이다. 그러면 정신은 그 안으로 유입되는 무한한 지성을 더욱 잘 받아들인다. 바로 그 무한한 지성을 통해 개인은 자신이 원하는 목표를 달성하기 위한 완벽한 길을 발견할 수 있다. 그리고 자연적인 수단들을 활용해 그 길을 따라가며 계획을 수행한다.

종종 계획을 수행하면서 우연히 주변 환경이 자신에게 유리하게 움직이는 것 같아 경외심을 느끼는 사람이 있다. 하지만 이렇게 이상하고 설명할 수 없는 일은 누가 봐도 자연스럽게 일어난다. 무한한 습관의 힘은 생각에 강력함을 줄 능력을 지녔다. 그 강력함을 얻으면 우리는 모든 난관을 극복하고 장애물을 제거하고 저항을 뚫고 나갈 수 있다. 이 강력함의 본질은 밀의 씨앗에 싹이 트고 자라서 번식하는 비밀만큼이나 심오한 비밀이다.

인간의 뇌는 두 가지의 물살로 흐르는 거대한 강에 비할 수 있다. 끊임없이 흐르는 이 강의 한쪽은 아무런 목적 없이 표류하는 모든 존재를 실망과 실패로 데려다 놓는다. 그와 반대 방향으로 흐르는 다른 한쪽은 계획적으로 그 물살을 타서 열심히 앞으로 나아가는 사람을 성공과 힘으로 안내한다. 뇌라는 강에서 흐르는 물살은 생각의 힘이다. 강의 물살에서 실패로 가는 흐름은 부정적인 생각이고, 성공으로 가는 흐름은 긍정적인 생각이다. 혹시 당신의 삶이 뜻대로 되지 않는가? 그렇다면 무한한 습관의 힘이 뇌라는 강에서 실패의 물살로 당신을 밀어 버리도록 당신 스스로 허용한 결과다.

이제 무한한 습관의 힘이 당신의 신체적 건강과 관련해 어떤 유익을 줄 수 있는지 생각해 보자.

- 생각 : 긍정적인 생각은 건강 의식의 발전으로 이어진다. 무한한 습관의 힘은 긍정적인 사고 패턴이 건강이라는 타당한 결과를 낳도록 만든다. 하지만 건강 염려증 환자의 생각이 만들어내는 이미지와 관련해서도 무한한 습관의 힘은 똑같은 일을 한다. 어떤 질병을 두려워하는 생각이 온 정신을 모두 차지하고 있으면, 무한한 습관의 힘은 몸과 마음에 그 병에 대한 증상을 만들어낼 수도 있다.

- 식사 : 생각의 힘은 음식을 통해 신체로 전달되는 에너지의 핵심 요소가 된다. 걱정과 두려움, 부정적인 생각은 음식에 독을 넣는다. 따라서 식사 시간에 생각을 통제하는 습관이 건강을 유지하는 데 몹시 중요하다.

- 일 : 무한한 습관의 힘은 당신이 대부분의 시간을 바치며 수입의 원천으로 삼는 활동과 관련이 있다. 당신이 신체적 활동을 하는 동안 당신 몸의 모든 세포에서 망가진 세포를 열심히 고치는 조용

한 수리공의 핵심 협력자가 당신의 사고방식이다. 따라서 일할 때는 긍정적인 생각만 해야 한다.

- **체내 노폐물 제거** : 이 과정은 간, 폐, 피부의 땀구멍, 소화 기관을 통해 이루어진다. 체내 노폐물 제거 과정은 적절한 생각과 식이 습관이 뒷받침될 때 활발하고 순조롭게 진행된다. 생각과 식이 습관은 모두 무한한 습관의 힘의 작용으로 영구적인 패턴이 된다.

이제 무한한 습관의 힘과 명확한 주요 목표인 경제적 및 재정적 이익과의 관계를 알아보자. 당신도 알다시피 명확한 주요 목표가 모든 성공의 출발선이다. 몸과 마음을 다스려 자신이 유지하고자 하는 재정적 상태를 생각하는 습관을 길러라. 그러면 그 사고 습관으로 만들어진 정확한 그림이 무한한 습관의 힘에 전달된다. 그리고 실패 따위는 모르는 그 자연법칙이 자기에게 전달된 그림을 알아보고, 그것을 현실로 이루는 타당한 결론을 만들어낸다.

이제 빈곤 의식에 대한 무한한 습관의 힘의 지배를 무너뜨리고 그 자리를 번영 의식으로 대체하는 효과적인 방법으로 주의를 돌려라. 나는 내 잠재의식에 구체적인 지시를 내리려고 마음속에 8명의 왕자를 만들었다. 이 상상 속의 작은 왕자들은 내 잠재의식에서 살고 있다. 그들은 첫째 재정적 번영이라는 왕자, 둘째 건강한 신체라는 왕자, 셋째 마음의 평화라는 왕자, 넷째 희망이라는 왕자, 다섯째 믿음이라는 왕자, 여섯째 사랑이라는 왕자, 일곱째 로맨스라는 왕자, 여덟째 종합적인 지혜라는 왕자다. 나는 날마다 명상을 하면서 이 충실한 신하들 하나하나와 대화를 나눈다. 그러면서 그들의 훌륭한 노력에 감사를 표현하고, 그들이 더 열심히 일할 방법을 제안하다.

이 방법은 마음을 다스리고 삶의 균형을 잡는 데 매우 효과적이다. 나의 이 신하들은 분주하게 사고 패턴을 만든다. 그러면 무한한 습관의 힘이 그 패턴을 알아차리고 목표 달성을 위한 활동을 시작한다.

다음은 인생의 명확한 주요 목표를 세우고 그것을 이루고자 하는 당신에게 도움이 되는 지침이다.

**1** 인생의 주요 목표를 완벽하고 분명하고 명확하게 적어라. 그것에 서명을 한 다음 암기하라. 그리고 그 목표를 적어도 매일 한 번, 가능하다면 더 자주 반복해서 말하라.

**2** 명확한 주요 목표를 달성하기 위한 분명하고 명확한 계획을 적어라. 그 목적을 이루기 위해 최대한 얼마의 시간을 바칠 수 있는지 또 무슨 대가를 기꺼이 치를 수 있는지 정확하게 적어라.

**3** 계획은 유동적으로 세워라. 계획을 바꿔야겠다는 생각이 들 때면 언제든 계획을 수정할 수 있어야 한다.

**4** 주요 목표와 목표 달성을 위한 계획에 대해서는 마스터 마인드 연합의 구성원 말고는 누구에게도 발설해서는 안 된다.

이제 나는 두 가지 종류의 습관을 소개하려고 한다. 이 습관이 당신 정신에 머무는 것을 허용하면 그 습관들은 단단히 뿌리를 내릴 것이다. 역경이 그 습관들을 무너뜨리거나 당신의 의지력으로 그 습관들을 깨버리기 전에는 습관들은 자신의 역할을 다할 것이다. 그중 하나는 부정적인 습관으로 빈곤, 상상 속의 질병, 게으름, 시기, 탐욕, 허영심, 냉소주의, 목적 없이 표류하는 삶, 짜증, 남을 해코지하는 마음, 질투, 부정직, 오만, 가학증이 있다. 다른 하나는 긍정적인 습관으로 명확한 목표, 믿음, 자기 주도성, 열정, 한층 더 노력하려는 의지가 있다. 나는 당신이 이 긍정적인 습관에 정신을 고정하기를 바란다.

당신의 자아를 강하게 만들어 줄 수단들을 검토해 보자. 이 수단들은 무한한 습관의 힘의 영향력 아래 들어갈 습관을 의식적으로 기르게 해 준다. 그 습관을 기를 때 당신은 무한한 습관의 힘이라는 위대한 법칙을 활용할 수 있다.

1 당신의 주요 목표를 달성하는 데 도움을 줄 수 있는 한 명 이상의 사람과 적극적으로 동맹을 맺어라.

2 계획을 구체적으로 세워라. 마스터 마인드 연합의 구성원이 도움을 줄 수 있을 것이다.

3 당신에게 열등감을 주는 사람이나 환경은 피하라.

4 과거 불쾌한 경험의 문을 닫아라.

5 당신이 삶에서 이루고자 하는 목적의 본질을 마음에 새겨줄 물리적 환경으로 들어가라.

6 의기양양함을 유지하면서 자아의 균형을 이루어라. 자신을 너무 뽐내지도 말고 너무 위축되지도 마라.

이제 두 가지 강력한 힘에 주위를 돌려 보자. 이 힘은 우리 모두의 정신에서 작용해 우리 각자의 현재 모습을 만들어냈다. 그 힘은 앞에서도 언급한 바 있는 '사회적 유전'과 '신체적 유전'이다. 신체적 유전은 조상의 성격과 특성, 신체적 모습의 전반적인 요소들이 세대에 걸쳐 당신에게 이어지는 자연법칙이다. 사회적 유전은 당신이 의식을 얻기 시작한 때부터 죽을 때까지 접하게 될 모든 영향력이다. 사회적 유전에서 벗어나 자신만의 생각을 하기 시작하는 순간이 당신 인생에서 위대한 날이 될 것이다.

사회적 유전과 신체적 유전 모두 무한한 습관의 힘의 지배 아래 있다. 신체적 유전을 바꾸는 것에는 많은 제약이 있다. 하지만 사회적 유전과 관련해서는 무한한 습관의 힘이 미치는 영향력에서 벗어날 수 있다.

다음 3가지 원칙에 근거해서만 사회적 유전으로 인한 습관을 자신이 원하는 방향으로 자발적으로 형성할 수 있다. 매우 중요한 원칙이니 잘 기억하자.

**1** 가소성 : 힘이나 부, 능력은 변하기 마련이다.

**2** 노출 빈도 : 습관이 형성되는 속도에 영향을 미치는 요인 한 가지는 노출 빈도다.

**3** 강렬한 감정 : 어떤 생각에 당신의 모든 감정을 결부시켜 강박적인 갈망으로 마음에 새겨라. 그러면 그 생각은 근거 없는 소망을 그저 말하는 것 이상으로 강력한 힘을 발휘할 것이다. 강렬한 감정

이 결부된 생각과 근거 없는 소망이 똑같은 방식으로 표현되더라도 그 위력에는 엄청난 차이가 있다.

개인의 성공 철학의 핵심은 무한한 습관의 힘이다. 앞서 다룬 모든 원칙은 긍정적인 사고방식을 형성하게 하며 이는 모든 자연법칙의 주인인 무한한 습관의 힘이 유익을 얻는 길로 가게 해 준다. 사고방식을 통제해라. 자기 훈련을 통해 생각을 긍정적으로 유지해라. 그렇게 해서 계획이나 목적, 열망이 정신에 심어지도록 정신의 토양을 잘 준비해라. 반복적이고 강렬한 느낌으로 그렇게 해라. 모든 수단을 활용하면 정신에 뿌린 씨앗이 싹트고 자라서 마침내 물리적인 현실로 나타난다는 확신을 지녀라.

이제부터 당신은 긍정적인 사고방식을 유지하는 일의 중요성을 이해해 건강 의식과 성공 의식의 사고 패턴을 만들어야 한다. 식사 시간을 신에게 감사를 드리는 행복하고 즐거운 행사로 만들어라. 당신의 일에도 똑같은 태도로 접근해라. 당신의 삶에서 일, 놀이, 사랑, 숭배 이 4가지의 균형을 유지해라. 건설적인 자아를 확립하는 공식을 철저하게 따라라. 인생의 목표를 성취하는 데 필요한 사고 습관과 행동 습관을 계획적으로 기르기 시작해라. 다람쥐 쳇바퀴에서 빠져나오고 싶은가? 당신은 그렇게 할 수 있는 수단을 가졌다. 지금 당장 사고 습관을 바꿔라.

내가 이 책을 집필하면서 즐거웠던 만큼 당신도 이 책을 즐겁게 읽었기를 진심으로 바란다. 내가 가장 좋아하는 라디오 프로그램에서 들려주던 명언과 소망으로 이 책을 마치려 한다.

'당신에게 항상 평화가 있기를'

다음 문장을 날마다 여러 번 반복해서 말해 보자.

> "나는 언제나 내 생각을 통제한다.
> 나는 긍정적인 사고방식을 예리하게 유지하며
> 나의 발전과 목표를 이루는 방향으로
> 끊임없이 생각하고 행동한다."

나폴레온 힐
부자의 철학

**초판 1쇄 인쇄** 2023년 1월 25일
**초판 1쇄 발행** 2023년 1월 30일

**지은이** 나폴레온 힐
**옮긴이** 최은아
**펴낸이** 박수길
**펴낸곳** (주)도서출판 미래지식
**편집** 김아롬
**디자인** 최치영

**주소** 경기도 고양시 덕양구 통일로 140 삼송테크노밸리 A동 3층 333호
**전화** 02)389-0152
**팩스** 02)389-0156
**홈페이지** www.miraejisig.co.kr
**전자우편** miraejisig@naver.com
**등록번호** 제 2018-000205호

ISBN 979-11-91349-66-5 13320



미래지식은 좋은 원고와 책에 관한 빛나는 아이디어를 기다립니다.
이메일(miraejisig@naver.com)로 간단한 개요와 연락처 등을 보내주시면
정성으로 고견을 참고하겠습니다. 많은 응모바랍니다.